Доклады о развитии международного обучения китайскому языку

2019–2020

Главный редактор: Лю Ли

Заместитель главного редактора: Чэнь Лися

北京语言大学出版社
BEIJING LANGUAGE AND CULTURE
UNIVERSITY PRESS

Предисловие

Язык – это важный инструмент человеческого общения, а обмен и сотрудничество в языковой сфере – это объективные потребности общего развития и прогресса человеческого общества. В основе данной серии докладов лежит краткий обзор и перспектива международного обучения китайскому языку, представлен годовой отчет по развитию таких основных составляющих обучения китайскому языку в мире как исследование общей ситуации, подготовка квалифицированных педагогов, создание учебных материалов, тестирования на знание китайского языка, Институты Конфуция и другие. Доклады знакомят с развитием системы международного обучения китайскому языку в некоторых показательных регионах, а также уделяют особое внимание исследованию преподавания китайского языка как второго языка/иностранного языка в 2019-2020 гг.

I. Основные идеи докладов

Всестороннее проявление самоуверенности и возможности переосмысления международного обучения китайскому языку. В докладах используются научные методы, всесторонне и объективно отражается и оценивается развитие международного обучения китайскому языку, с опорой на реальные факты описываются достижения и подводятся итоги, дается положительное подтверждение успехам в данной области во всем мире. Вместе с этим доклады не лишены противоречий, они затрагивают проблемы, существующие в сфере международного обучения китайскому языку, определяют направление, в котором необходимо прикладывать усилия, предоставляют важные справочные материалы для трансформации, улучшения и качественного развития системы обучения китайскому языку в мире.

II. Ценность докладов

Основой докладов является описание новых условий развития международного обучения китайскому языку в 2019-2020 гг., главная тема – создание новой структуры международного обучения китайскому языку. Доклады ориентированы на реальные потребности трансформации и модернизации системы образования и описывает историю развития, реальные достижения и грядущие тенденции обучения китайскому языку на международном уровне.

Публикация данной серии докладов способствует всестороннему пониманию развития обстоятельств обучения китайскому языку в Китае и за его пределами, продвижению исследований и практической деятельности в сфере международного обучения китайскому языку в новое время, а также знакомит с процессом обучения китайскому языку в мире с научной точки зрения и дает объективную оценку реформам и достижениям в данной области. Использование формы доклада по итогам года способствует исследованию международного обучения китайскому языку, это внутренняя потребность развития данного направления, важный этап в развитии и реформировании международного образования.

III. Особенности докладов

Основные темы – это международное преподавание китайского языка, в нем сконцентрированы знания китайских и зарубежных специалистов и ученых и отражены следующие особенности:

Во-первых, своевременное отражение тенденций развития. Доклады стремятся точно отразить современное развитие и общую ситуацию в сфере международного обучения китайскому языку, а также объективно представить результаты, достигнутые в этой сфере. Основываясь на крупномасштабном понимании современной обстановки в международном обучении китайскому языку, доклады старательно выявляют современные заметные проблемы данной сферы, предоставляя реальные и осуществимые замечания и предложения.

Во-вторых, осознание существующих заметных проблем. В докладах отмечается положительная реакция на различные опасения, выдвигаемые в разнообразных социальных кругах китайского общества и в мировом сообществе по поводу международного обучения китайскому языку. В докладах также представлены ответы и справочные данные для различных групп людей, которые занимаются или интересуются обучением китайскому языку на мировом уровне, чтобы они могли получить ответы на интересующие их соответствующие вопросы. Доклады раскрывают множество аспектов настоящей темы, ключевым пунктом является проведение всесторонней структуризации результатов развития международного обучения китайскому языку в 2019 году, системное отражение общего состояния и достижений в данной области, а также их краткое описание.

В-третьих, научные исследования и оценки. Устойчивое развитие международного обучения китайскому языку неотделимо от базовой теоретической поддержки данной отрасли знаний. В дополнение к объективному представлению последних тенденций развития международного обучения китайскому языку в докладах также проводится углубленный анализ преподавательских кадров, учебных материалов, методов обучения и других важных вопросов. Доклады описывают опыт развития международного обучения и связанного с ним вопросов, вместе с этим анализируют и прогнозируют обстоятельства и проблемы, с которыми может столкнуться международное образование в новую эпоху, а также описывают будущие тенденции развития данной сферы.

В докладах утверждается, что отрасль международного обучения китайскому языку имеет яркие характеристики – такие особые черты, которых нет в других научных отраслях с точки зрения внутренних и внешних условий, объектов услуг и систем знаний, данная отрасль нуждается в особенном внимании. В последние несколько лет создание учебных дисциплин в сфере международного обучения китайскому языку принимает все более законченную форму, что способствует бурному развитию этой отрасли на международном уровне. Вполне очевидно, что в научном направлении международного обучения китайскому языку еще существует множество теоретических и практических вопросов, требующих решения.

В-четвертых, соединение международных интеллектуальных ресурсов. Авторский коллектив, составивший данные доклады, состоит из представителей широких кругов, в том числе китайских экспертов и ученых, которые в течение длительного срока занимаются исследованиями в области международного обучения китайскому языку, а также известных зарубежных ученых, китаеведов и других. Помимо публикации на китайском языке, доклады также будут изданы на других языках (таких как английский, французский, испанский, арабский, русский) с целью вести дальнейший диалог с международным образовательным сообществом.

«Доклады о развитии международного обучения китайскому языку 2019–2020» стремятся сыграть активную роль в содействии взаимному обучению представителей различных мировых цивилизаций, в дальнейшем продвижении устойчивого и качественного развития международной образовательной отрасли, а также в стимулировании языкового и культурного обмена и сотрудничества между Китаем и другими странами мира. Мы будем активно продвигать создание платформы больших данных, посредством составления ежегодных докладов помогать инновационному развитию международного обучения китайскому языку, строить более открытую, инклюзивную и стандартизированную международную систему обучения китайскому языку.

Содержание

I Общие доклады

История развития, современное состояние и перспективы международного обучения китайскому языку

В данном докладе за поперечный разрез принимается международное обучение китайскому языку в 2019 году, продольным сечением выступает ретроспектива и будущие перспективы истории развития международного обучения китайскому языку. Представлен всеобъемлющий анализ развития данной области знаний в широком контексте времени и пространства, а также истории международного обучения китайскому языку во всем мире.

I. История развития

Язык — это мост для взаимодействия, обучение языку — это, в свою очередь, лучший путь к эффективному человеческому общению. В течение почти семидесяти лет, прошедших с момента основания Китайской Народной Республики, международное обучение китайскому языку всегда было сосредоточено исключительно на теме преподавания китайского языка, что от начала до конца четко определяло место и направление развития международного обучения китайскому языку. В 1950 году в Университете Цинхуа был учрежден специальный курс китайского языка для студентов по обмену из Восточной Европы, который стал прологом к международному обучению китайскому языку в Новом Китае[1]. Можно сказать, что этот спецкурс стал первым международным образовательным учреждением, где велось преподавание китайского языка, обязанности руководителя взял на себя известный физик, господин Чжоу Пэйюань, а основным учебным материалом стало переизданное «Введение в государственный язык гоюй» авторства Чжао Юаньжэня. С того времени специализированный курс китайского языка использовался как спецкурс китайского языка для иностранных студентов в Пекинском университете, в офисе иностранных студентов Пекинского Института иностранных языков, в высшей подготовительной школе для иностранных студентов, а в итоге стал основой Пекинского института иностранных языков, основанного в 1964 году. В 1952 году Новый Китай отправил за границу первого преподавателя китайского языка – господина Чжу Дэси, чтобы он начал преподавание китайского языка за рубежом. В 1961 году из десяти высших учебных заведений было отобрано двадцать пять выпускников факультетов китайского языка, они стали первой группой учителей, отправляющихся преподавать китайский язык за пределы Китая. Можно сказать, что в 50-60-е годы XX века эти события стали отправной точкой для международного обучения китайскому языку, а с точки зрения уровня преподавателей и учебного материала, начальная точка оказалась очень высокой: все учителя китайского языка тех лет впоследствии стали прославленными специалистами в области преподавания языка и известными лингвистами.

После эпохи политики реформ и открытости международное китайское образование вступило в период значительного развития, совершив исторический прорыв как в областях карьерного продвижения, создания учебных дисциплин, подготовки кадров и других. В 1978 году господин Люй Бисун впервые предложил выделить в отдельную дисциплину преподавание китайского языка как иностранного, открыть в высших учебных заведениях профили по подготовке специализированных кадров, а также создать профильное исследовательское

---

1 Новый Китай – Китай после образования Китайской Народной Республики в 1949 г. *(прим. переводчика)*

учреждение. В 1983 году было создано Китайское общество педагогических исследований в области преподавания китайского языка и официально учреждена профильная дисциплина под названием «Преподавание китайского языка как иностранного», на которую в тот же год был открыт набор студентов-бакалавров. В 1986 году был открыт набор студентов в магистратуру по данному направлению, в 1997 году начался набор студентов в докторантуру вышеупомянутого профиля на программу «языкознание и прикладная лингвистика». В 1987 г. была основана Канцелярия Международного Совета китайского языка (Ханьбань), в том же году было создано Всемирное общество по обучению китайскому языку и проведено его первое заседание; в июне 1990 года государственный комитет просвещения опубликовал «Методы утверждения квалификации преподавателя китайского языка как иностранного». Благодаря постоянным исследованиям позиционирование и функции учебной дисциплины международного обучения китайскому языку неустанно совершенствовались, подготовка преподавательских кадров становилась все более специализированной и профильной, авторитет результатов академических исследований в данной сфере становился все более серьезным, а система учебных дисциплин более полной и систематизированной. Если считать, что международное обучение китайскому языку в самом начале было представлено карьерными успехами первых преподавателей китайского языка за рубежом, то уже к 80-90-м годам XX века его важные составляющие части — это преподавательская работа и научная дисциплина.

С началом XXI века, по мере непрерывного усиления государственной мощи Китая, процветание экономики страны стало катализатором всемирного «бума китайского языка». Только лишь приехать в Китай, чтобы изучать китайский язык, стало недостаточным условием для изучающих китайский за рубежом, сильно выросла потребность в наличии профильных образовательных учреждений для обучения иностранных студентов. По этой причине начиная с 2004 года под руководством Канцелярии международного совета китайского языка Ханьбань в ряде стран были учреждены Институты Конфуция. По состоянию на 2019 год в

162 странах (регионах) мира основано 550 Институтов Конфуция и 1172 Класса Конфуция. В 2005 году была проведена Всемирная конференция по китайскому языку, ознаменовавшая постепенный переход научной дисциплины международного обучения китайскому языку от преподавания китайского языка как иностранного к международному образованию на китайском языке. В 2011 году Министерство образования Китая выпустило «Каталог дисциплин для присуждения ученых степеней и кадровой подготовки», специальность «Преподавание китайского языка как иностранного» была официально переименована в «Международное преподавание китайского языка», после чего множество высших учебных заведений открыли набор в магистратуру и докторантуру по данной специальности.

Тема международной конференции по китайскому образованию 2019 года – «Инновации и развитие международного обучения китайскому языку в новую эпоху», это говорит о том, что международное преподавание и обучение китайскому языку вступило в новый период развития. В будущем в международном обучении китайскому языку необходимо сделать упор на интеграции в местную среду, адаптации к потребностям противоположной стороны, а также на преобразовании и модернизации развития международного обучения китайскому языку путем продвижения проекта «Китайский язык и профессиональные навыки», улучшения стандартов оценивания в данной сфере, продвижения многопрофильности основных школьных предметов.

Обращаясь к истории развития международного обучения китайскому языку, можно условно разделить её на четыре этапа: первый этап (1950-1982 гг.) – это начальный период, международное обучение китайскому языку началось вместе с образованием республики, однако в это время еще не была сформирована данная научная дисциплина; второй этап (1983-2004 гг.) – это период формирования международного обучения китайскому языку как научной отрасли, данное направление становится отдельной научной дисциплиной под названием «обучение китайскому языку как иностранному»; третий этап (2005-2018 гг.) – это период развития исследований, создание Институтов Конфуция за границей стало важным этапом «выхода наружу» международного обучения китайскому языку; переход от преподавания китайского языка как иностранного к международному преподаванию привел к резкому переходу отрасли к форме научной дисциплины; четвертый этап (2019 г. - настоящее время) – это период трансформации и модернизации, в новую эпоху, перед лицом разнообразных глобальных вызовов в обучении китайскому языку и множества проблем, с которыми сталкиваются Институты Конфуция, международное обучение китайскому языку будет и далее повышать качество и эффективность, активно адаптироваться к новым обстоятельствам и изменениям, искать новые модели развития.

II. Современное состояние

2019 год стал необычным и неординарным годом для сферы международного обучения китайскому языку. В этом году внимание, как и прежде, было сосредоточено на главном вопросе, необходимости перенимать прошлый опыт и вместе с этим вести активный поиск путей модернизации и трансформации. В вопросах построения системы обучения, воспитании кадров, обмена и сотрудничества и других были достигнуты заметные успехи, непрерывно продвигалось развитие и новаторство в научной дисциплине и образовании. В этом году идея совместного строительства Сообщества единой судьбы человечества укоренилась в сознании людей, создание проекта «Один пояс, один путь» идет полным ходом, требуется большое количество междисциплинарных технических специалистов, владеющих китайским языком. Высокий рыночный спрос также стимулирует преподавателей китайского языка кроме обучения простым языковым компетенциям также обратиться к учебной модели преподавания «китайского языка в профессиональной коммуникации».

1. Построение системы

В 2019 году направление международного обучения китайскому языку вместе с Институтами Конфуция продолжили создание и развитие соответствующей образовательной системы, к примеру:

В Университете Китайской академии наук в Пекине было проведено собрание, где были собраны мнения по теме «Методы управления экзаменов по китайскому языку», в нем приняли участие тридцать восемь руководителей лучших центров языкового тестирования Китая и зарубежных стран.

Утверждено проведение исследовательского проекта по пересмотру и оценке компетенций «Стандарты для международных учителей китайского языка».

На основе обширных консультаций сформулированы «Стандарты Института Конфуция по управлению обучением» и «Система индекса оценки качества обучения в Институтах Конфуция».

2. Создание учреждений

По состоянию на декабрь 2019 года в 162 странах (регионах) основано 550 Институтов Конфуция и 1172 Класса Конфуция в начальных и средних школах; из них 27 Институтов Конфуция и 66 Классов Конфуция основаны в недавнее время. Количество изучающих китайский язык во всем мире неуклонно растет и уже достигло 150 миллионов человек, «круг друзей» международного обучения китайскому языку также растет день ото дня.

3. Создание и подготовка кадрового состава

По состоянию на конец 2019 года штаб-квартира Института Конфуция отправила 3633 преподавателя в 155 разных стран, в том числе 3006 учителей в 416 Институтов Конфуция и 66 Классов Конфуция в 152 странах, а также 627 преподавателей в зарубежные начальные и средние школы (не относящиеся к Институтам Конфуция).

В 2019 году при поддержке штаб-квартиры Института Конфуция в 17 университетах 12 стран мира были открыты направления преподавания китайского языка. Для семи стран Юго-Восточной Азии были подготовлены в общей сумме 6930 преподавателей, из них 74 приезжали в Китай для обучения. На проекте

«Один пояс, один путь» работают в общей сложности 219 учителей из 43 стран. В 35 Институтах Конфуция в 16 странах мира работают 36 ключевых преподавателей Института Конфуция.

В 2019 году в общей сложности 6520 аспиранта были зачислены в 148 колледжей и университетов Китая, обладающих полномочиями преподавать китайский язык на международном уровне. 19 колледжей и университетов, обладающих полномочиями присуждения докторских степеней в области образования, набрали 59 аспирантов для получения докторских степеней в области преподавания китайского языка на международном уровне. Всего по специальности «преподавание китайского языка как иностранного» было подготовлено 1269 учителей.

В 2019 году более 14 000 человек подали заявки на участие в волонтерских проектах. 6389 учителей-добровольцев были отобраны и отправлены в 140 стран и регионов для обучения китайскому языку иностранных граждан.

4. Академический обмен

В январе 2019 года журнал «Преподавание китайского языка в мире» провел семинар «Особенности и построение системы знаний международного обучения китайскому языку», в мае в Пекинском университете иностранных языков состоялся второй семинар «Подготовка и развитие международных преподавателей китайского языка и цифровых технологий преподавания»; в июне издательство Пекинского университета языка и культуры провело семинар «Международные методы преподавания китайского языка и модели преподавания на основе конкретных случаев», редакция журнала «Преподавание китайского языка в мире» и Университет Циндао провели семинар «Международное обучение китайскому языку в новое время»; в июле в Кембриджском университете была проведена международная конференция «Изучение китайского языка в двуязычных и многоязычных контекстах» в рамках программы «Новое китаеведение в Институтах Конфуция»; в августе Всемирная ассоциация преподавателей китайского языка провела международный семинар «Международное преподавание и исследования китайского языка»; в сентябре журнал «Преподавание и исследование языков» провел форум «Преподавание языка и передовые исследования», а также отметил сорокалетнюю годовщину со дня выпуска первого номера журнала; в октябре Институт исследований международного образования Пекинского университета языка и культуры совместно с другими образовательными учреждениями организовали «16-ый научный семинар по преподаванию китайского языка как иностранного» а также «4-ый международный научный семинар по распространению и дистанционному обучению китайскому языку»; в ноябре Национальный руководящий комитет постдипломного профильного образования в сфере преподавания китайского языка как иностранного провел «1-ый всекитайский форум по подготовке докторов педагогических наук в области международного преподавания китайского языка».

В декабре 2019 года в г. Чанша прошла международная конференция по преподаванию китайского языка как иностранного, тема которой «Инновации и развитие международного обучения китайскому языку в новое время», более 1000 представителей Институтов Конфуция и других образовательных учреждений из более чем 160 стран и регионов приняли участие в конференции.

5. Зарубежное сотрудничество

По состоянию на ноябрь 2019 года в общей сложности 69 стран и регионов мира, например, Южная Африка, Маврикий, Танзания, Камерун, Замбия и другие африканские страны посредством принятия указов, законов, учебных программ, учебных планов и прочего включили преподавание китайского языка в национальную систему образования. В Таиланде, Малайзии и других странах Юго-Восточной Азии сформирована полноценная система обучения китайскому языку: от дошкольного образования, общего образования, профессионального образования до высшего образования; Соединенные Штаты, Канада, Япония, Южная Корея, Австралия, Россия и другие страны поочередно включили китайский язык в список иностранных языков, по одному из которых необходимо сдавать экзамен для поступления в университеты.

В 2019 году штаб-квартира Института Конфуция подписала соглашение о сотрудничестве и о поддержке развития учителей китайского языка (специальности китайский язык как иностранный) с Национальным университетом языков и социальных наук имени Брюсова в Ереване, Армении (июнь) и Университетом Артуа во Франции (июль); совместно с Пхеньянским университетом иностранных языков Северной Кореи построен центр китайского языка (сентябрь); подписаны соглашения о сотрудничестве с Португалией (апрель) и Объединенными Арабскими Эмиратами (июль) по включению китайского языка в систему образования начальных и средних школ; помощь Бельгии в написании учебной программы по китайскому языку (ноябрь); Всемирное общество преподавания китайского языка поддержало Южную Африку в инициативе официально зарегистрировать и учредить Ассоциацию преподавателей китайского языка (февраль) и присоединиться к Американскому обществу изучения китайского языка как иностранного (апрель).

III. Перспективы развития

На Международной конференции по китайскому образованию в 2019 году вице-премьер Сунь Чуньлань выдвинул три принципа развития международного обучения китайскому языку. Во-первых, необходимо сосредоточиться на языке как на основном виде деятельности, активно интегрироваться в местную среду, в процессе преподавания приспосабливаться к особенностям учебных программ обеих сторон, энергично продвигать направление китайский язык в профессиональной коммуникации. Во-вторых, совершенствовать и развивать критерии оценивания, повышать качество учебного процесса, строить общие программы обучения и адаптировать учебные материалы к местным условиям. В-третьих, руководствоваться международной практикой распространения языка, твердо придерживаться рыночных механизмов, поддерживать народные благотворительные фонды, учреждаемые китайскими и иностранными высшими учебными заведениями, предприятиями и общественными организациями, устанавливать обширные контакты с культурными и образовательными организациями, средствами массовой информации и аналитическими центрами, продвигать идею многопрофильности школьных предметов.

Министр образования Чэнь Баошэн также предложил шесть новых мер для поддержки устойчивого и качественного развития международного обучения китайскому языку: во-первых, оздоровить и усовершенствовать систему международного обучения китайскому языку для бакалавров, магистров и докторантов, поддержать китайские университеты в независимом создании профессиональных направлений обучения в докторантуре, а также значительно увеличить количество мест в докторантуре. Во-вторых, поддерживать китайские университеты в создании международных педагогических институтов для подготовки преподавателей китайского языка, а также сотрудничать с иностранными университетами в создании профильных направлений подготовки преподавателей китайского языка, которые будут иметь возможность не только набирать студентов, но и проводить различные профессиональные тренинги. В-третьих, установить политический курс на улучшение обращения с китайскими учителями и волонтерами, отправленными за границу, поддержать Институты Конфуция в разных странах в выборе и приеме на работу еще большего количества местных преподавателей китайского языка. В-четвертых, поддержать китайских и иностранных специалистов в совместной реализации проекта по созданию высококачественных учебных материалов, составлению учебных материалов по китайскому языку, которые, с одной стороны, будут универсальны во всем мире, с другой стороны, адаптированы к местным условиям, усилить создание цифровых ресурсов, модернизировать сеть Институтов Конфуция, основать всемирную платформу для обучения китайскому языку. В-пятых, улучшить серию международных стандартов обучения китайскому языку, усилить контроль оценивания качества преподавания, сформулировать политику использования результатов теста HSK как важной основы для обучения молодежи из разных стран в Китае. В-шестых, продолжать поддерживать и поощрять активное участие различных учебных заведений, предприятий, общественных организаций и отдельных лиц в Китае и других странах, особенно поддерживать и поощрять китайские и иностранные институты к более активному участию в создании Институтов Конфуция и работе по обучению китайскому языку через совместные фонды и другие способы, чтобы лучше и полноценнее играть роль основного органа управления учебными процессами.

Заглядывая в будущее, нужно сказать, что международному обучению китайскому языку еще предстоит пройти длинный путь. Обстановка в мире по-прежнему непрерывно меняется, осознание идеи Сообщества единой судьбы человечества также постоянно углубляется, пространство для строительства «Одного пояса, одного пути» продолжает расширяться, вызовы и возможности всегда существуют рука об руку, необходимо своевременно оценивать момент и анализировать обстановку, углублять реформы, следовать веяниям времени, выступать в качестве первопроходцев и новаторов, стимулировать отрасль международного обучения китайскому языку к устойчивому и долгосрочному развитию, способствовать тому, чтобы данная образовательная сфера достигла еще большего развития благодаря постоянным инновациям.

Что касается создания учебных дисциплин и подготовки квалифицированных кадров, то здесь необходимо приложить усилия для построения и укрепления «пяти систем». Во-первых, направить силы на создание интегрированной образовательной системы обучения бакалавров, магистров и докторов. Изучить новые современные модели систем образования, выделить в них важнейшие преимущества и объединить их для того, чтобы предоставить выдающимся студентам соответствующий карьерный путь. Во-вторых, необходимо приложить усилия для создания системы подготовки преподавателей китайского языка с систематизированным обучением и диверсифицированным развитием. Подготовить высококвалифицированных учителей китайского языка для зарубежных или отечественных университетов и международных учебных заведений, подготовить менеджеров в области образования и разработчиков ресурсов для Институтов Конфуция и проектов по изучению китайского языка в стране и за рубежом, а также обучить педагогов для подготовки новых профессиональных кадров. В-третьих, следует приложить усилия для создания системы подготовки преподавателей китайского языка, объединяющей «официальное образование», подразумевающее получение диплома, и «курсы по подготовке преподавателей». В-четвертых, сосредоточиться на создании системы обучения учителей китайского языка для иностранных студентов за рубежом, а также на подготовке локальных высококвалифицированных преподавателей китайского языка и менеджеров образовательной сферы для учебных заведений за рубежом. В-пятых, сфокусироваться на разработке системы стандартов оценивания для преподавателей китайского языка. В процессе подготовки преподавателей необходимо не только педагогов, но и внедрять эффективные стандарты оценки обучения.

(Автор: Лю Ли, Пекинский университет языка и культуры)

Доклад об исследованиях в сфере международного обучения китайскому языку

Международное обучение китайскому языку представляет собой очень своеобразную область образования, каждый этап ее развития тесно связан с потребностями китайско-иностранного гуманитарного обмена и взаимного культурного обучения, само построение данной дисциплины обладает собственными отличительными чертами. С точки зрения научных исследований, в области внутренних и внешних условий, объектов, системы знаний и других аспектов данная сфера образования непременно будет демонстрировать особенности, не характерные для обычных учебных дисциплин, к тому же в ней также ярко проявляются особенности, свойственные современной эпохе. В последние годы создание учебных дисциплин, научные исследования и карьерное развитие международного обучения китайскому языку не только демонстрировали тенденцию к бурному развитию, но и оказали скрытое влияние на некоторые вопросы устойчивого развития, которые требовали немедленного решения.

I. Актуальные вопросы современности

Обобщая исследовательскую ситуацию последних лет, можно отметить, что основные темы международных исследований обучения китайскому языку сосредоточены на аспектах, перечисленных ниже. По некоторым из них уже достигнуты отчетливые договоренности, некоторые по-прежнему остаются спорными.

1. Связь между научной дисциплиной и практической деятельностью

Международное обучение китайскому языку представляет собой и практическую деятельность, и научную дисциплину, и специальность, поэтому вопрос взаимосвязи практической деятельности и научной отрасли знаний – это ключевой вопрос, с которым постоянно необходимо сталкиваться в процессе развития международного обучения китайскому языку. С другой стороны, направление «преподавание китайского языка как иностранного» для студентов, приезжающих в Китай на обучение, возникло именно из практической необходимости, его учебные дисциплины уже достигли значительных успехов. Поскольку отрасль преподавания китайского языка в то время в основном была связана с преподаванием китайского как второго языка внутри Китая, проблема взаимосвязи между научной дисциплиной и практической деятельностью не стояла на первом месте. В отличие от этого, когда в начале этого столетия деятельность по преподаванию китайского языка развилась до стадии «международного обучения», практическая образовательная деятельность за рубежом достигла своего беспрецедентного развития, однако одновременно с этим не создавались соответствующие научные дисциплины, проблема взаимосвязи научной отрасли знаний и практической деятельности очертилась именно в это время. В последние годы данный вопрос о взаимосвязи научной и практической деятельности, которым необходимо уделять равное внимание, все активнее обсуждается в научном сообществе.

2. Характер и место научной дисциплины

Вопрос о том, относится ли обучение китайскому языку к области изучения китайского языка и литературы, к области педагогики или рассматривается как новый междисциплинарный предмет, всегда вызывал споры. На данный момент специальность бакалавриата «международное обучение китайскому языку» относится к направлению «гуманитарные науки», подгруппе «китайский язык и литература»; специальность магистратуры «международное обучение китайскому языку» относится к направлению «педагогика», такое смещение дисциплин вызывает немало обсуждений и споров. Точное место научной дисциплины не определено, что непосредственно влияет на особенности профильной подготовки, систему учебных программ, задачи подготовки кадров и прочее. В настоящее время ситуация такова, что лингвистическое сообщество очень обеспокоено своей предметной принадлежностью, в то время как педагогические круги, кажется, не очень следят за данным вопросом; предметное содержание рассматриваемой дисциплины в основном состоит из языка, лингвистики и некоторых смежных дисциплин, а содержание, связанное с педагогикой, играет лишь вспомогательную роль и представлено дополнительными курсами. Из всего вышесказанного можно сделать вывод, что рациональнее определить место дисциплины международного преподавания китайского языка в рамки языкознания.

3. Основные функции международного обучения китайскому языку

Язык является важным культурным проводником, функция обучения языку напрямую связана с языком и культурой. В академических ругах сложились различные мнения относительно того, что является основной функцией международного обучения китайскому языку: преподавание и изучение языка или продвижение и распространение культуры. В течение последних лет основное понимание заключается в возвращении к основам языкового обучения, то есть в основе дисциплины лежит изучение устного и письменного китайского языка, другие же функции реализуются через особые стратегии преподавания языка. Как в настоящее время отразить все особенности китайской культуры в международном обучении китайскому языку, как внести новый вклад в построение Сообщества единой судьбы человечества посредством международного преподавания китайского языка – это новые области исследовательской работы в обсуждаемой сфере.

4. Система предметных знаний

Если рассматривать международное обучение китайскому языку как самостоятельную дисциплину или как формирующийся междисциплинарный предмет, то первостепенной задачей является построение системы дисциплинарных знаний, поскольку именно она является ключевым фактором, определяющим научный уровень международного преподавания китайского языка. Академическое сообщество подтверждает, что система предметных знаний данного направления должна включать, по крайней мере, три составляющих. Первая – это базовая теория, поддерживающая основные дисциплины, на которые опирается развитие международного образования китайского языка, такие как лингвистика, педагогика, психология и другие. Вторая – это теоретические предметные основы, которые относятся к базовой теории самой дисциплины международного обучения китайскому языку, такие как знание китайской лингвистики, социальные и культурные знания для международного обучения китайскому языку, теория овладения китайским языком и преподавания, усвоение второго языка, основные методы исследования и другие. Третья – это прикладные исследования, проведение специализированных исследований по комплексному проекту, управлению образованием, подготовке учителей, исследованиям и разработке учебников, преподаванию в классе, оцениванию и тестированию, созданию ресурсов и прочее, а также использование и исследование образовательных технологий и навыков, и конечно, сами прикладные исследования имеют свою собственную базовую теорию. Как построить международную систему дисциплин обучения китайскому языку, отвечающую потребностям построения и развития научной дисциплины и подчеркивающую собственные особенности и законы в новую эпоху – это основной вопрос построения системы предметных знаний.

5. Преподавательский состав, учебные материалы, методика преподавания

Это три основных вопроса международного обучения китайскому языку, всегда привлекающих широкое внимание. Поскольку основное место, где реализуется идея международного преподавания китайского языка – это в основном зарубежные страны, к тому же среди обучаемых наблюдается тенденция стремления к универсальности и снижению возраста, то данные три вопроса становятся все более сложными и обширными. В частности, локализация/адаптация, или, наоборот, разделение по государственной, языковой или национальной принадлежности проявляется в каждом из трех вышеперечисленных вопросов обучения китайскому языку. Таким образом, изучение требований к квалификации педагога, исследование и составление дифференцированных учебных материалов и стратегий обучения, основанных на способностях и талантах, привлекают всеобщее внимание.

6. Обучение китайской письменности за рубежом

Объектом международного обучения китайскому языку являются как иностранцы некитайского происхождения, так и этнические китайцы, имеющие гражданство других стран, и постоянно живущие за границей китайцы и их дети, поэтому зарубежное обучение китайской письменности является важным специфическим стратегическим компонентом международного обучения китайскому языку. Из-за разнообразия и сложности языковой среды и культурного фона зарубежное обучение китайской письменности не только уникально, но и богато и разнообразно по своей внутренней структуре. Система знаний обучения китайской письменности за рубежом имеет как общие черты, так и существенные различия с обучением и преподаванием китайского языка как второго языка или как иностранного языка, поэтому в научном сообществе проводятся специальные исследования таких вопросов, как учебное планирование, создание учебных дисциплин, составление учебных материалов, аудиторное обучение, система тестирования и оценивания, подготовка квалифицированных кадров, характеристики обучения и других, в последние годы все вышеперечисленные темы являются объектами пристального внимания.

7. Создание и развитие Институтов Конфуция

После пятнадцати лет становления Институт Конфуция от стадии внешнего строительства перешел к стадии внутреннего развития. В новых глобальных условиях необходимо проводить дальнейшее изучение Институтов Конфуция с точки зрения государственной политики, системы управления, механизмов функционирования, концепций развития, состояния создания, преподавательского состава, создания учебных дисциплин, учебных ресурсов, моделей обучения и других.

8. Развитие онлайн-обучения, создание образовательной платформы и базы данных

С развитием информационных технологий состояние международного обучения китайскому языку претерпело существенные изменения, постепенно смещаясь в сторону модели «облачного обучения». В последние годы в сфере международного обучения китайскому языку большое внимание уделяется созданию различных платформ и информационно-ресурсных баз данных, развернуто изучение соответствующих хранилищ данных. К таким платформам и базам данных относятся платформы для стриминговых (потоковых) вещаний, массовые открытые образовательные курсы, онлайн-курсы и текстовые корпусы, хранилища необработанных данных, базы учебных материалов, корпуса с языковыми примерами, обучающие программы для преподавателей, вспомогательные материалы для учебных пособий, собрания сочинений и трактатов. Среди вышеперечисленных ресурсов довольно полноценные научные лингвистические исследования проведены в сфере текстовых корпусов и базы учебных материалов.

II. Проблемы, требующие немедленного решения

С точки зрения исторической миссии и реального развития международного обучения китайскому языку в настоящее время в данной сфере существует ряд проблем, которые требуют немедленного решения, как в практической деятельности, так и в создании научных дисциплин. Ниже приводится краткий обзор некоторых достаточно заметных вопросов, связанных с созданием и развитием научных дисциплин.

1. Недостаточно ясные связи между научной дисциплиной и практической деятельностью

Поскольку международное обучение китайскому языку имеет двойственную природу и предназначение, то пересечение практической деятельности и научной отрасли – это обычная ситуация, однако, если возникают обстоятельства, при которых практическая деятельность на протяжении долгого времени замещает и даже заслоняет собой развитие научной дисциплины, высока вероятность, что это не будет замечено или ограничит процесс создания научной отрасли, в особенности в комплексных проектах, распределении ресурсов, создания кадрового состава, фундаментальных теоретических исследованиях академических достижениях и научных успехах и других вопросах.

2. Недостаточное понимание места и внутреннего содержания научной дисциплины

Этот вопрос существует в течение длительного времени, споры велись на протяжении всего периода перехода дисциплины от «преподавания китайского языка как иностранного» к «международному обучению китайскому языку»/ «международному преподаванию китайского языка». Некоторые считают, что международное обучение китайскому языку должно относиться к филологическим дисциплинам (часть направления прикладная лингвистика), некоторые считают, что оно должно относиться к педагогике, некоторые считают его междисциплинарной наукой на стыке лингвистики и педагогики, а некоторые утверждают, что это новая самостоятельная междисциплинарная наука, также существуют и те, кто считает, что основная задача международного обучения китайскому языку – это распространение китайской культуры, поэтому научная дисциплина неотрывно связана с социальной коммуникацией. Аргументация различна, у каждой стороны есть свое мнение, поэтому направление развития данной науки до сих пор не определено и находится в шатком положении.

3. Недостаточность системы дисциплинарных знаний

Поскольку место этой области знаний как научной дисциплины определено недостаточно ясно, до сих пор также не сформировано единое понимание того, как устроена система предметных знаний международного обучения китайскому языку. На данный момент можно сказать точно, что фундаментальная теория, на которую опирается данная отрасль знаний, включает в себя и лингвистику, и педагогику, и психологию, но пока неясно, каковы отношения этих областей в системе знаний международного обучения китайскому языку. В настоящее время в педагогических кругах уделяется совсем не большое внимание исследованиям и разработке направления международного обучения китайскому языку, его главной движущей силой остаются научное лингвистическое сообщество; с другой стороны, вопросы педагогики, возникающие в процессе научного изучения данной сферы, все-таки остаются за пределами исследований ученых-лингвистов. Каковы фундаментальная теоретическая система и система прикладных исследований в области международного обучения китайскому языку – эти вопросы освещены лишь на элементарном уровне, исследования в данной сфере на данный момент считаются неполными.

4. Относительное отсутствие общего проекта

С начала нового века, в отличие от стадии построения дисциплины преподавания китайского языка как иностранного, общий проект дисциплины международного обучения китайскому языку во многих аспектах в основном находится на стадии самоопределения, а дальнейшее стратегическое направление развития данного научного проекта недостаточно ясное. В частности, в новое время, с развитием практической деятельности в Институтах Конфуция, улучшением преподавания китайской письменности за рубежом, появлением тенденции к снижению возраста и универсальности объектов обучения китайскому языку, увеличением задач по преподаванию китайского языка для специальных целей, продвижением подготовительных курсов по китайскому языку перед поступлением в высшие учебные заведения, международное обучение китайскому языку должно перепланировать все аспекты, связанные с начальным и высоким уровнем развития научной дисциплины, сформулировать долгосрочные планы. Следует особо отметить, что относительное отсутствие общего плана и стратегического плана дальнейшего развития также напрямую связано с отсутствием академического руководства со стороны соответствующих научных сообществ, что задерживает общее развитие международного обучения китайскому языку. Это также требует от академических кругов и менеджеров в сфере образования заново осмыслить и определить функции соответствующих научных сообществ.

5. Недостаточность глубины фундаментальных теоретических исследований

Международное обучение китайскому языку является предметом с коротким периодом развития, в понимании этой дисциплины различными сторонами все еще существуют серьезные различия, поэтому необходимо всесторонне и глубоко проводить исследование фундаментальной теории данного предмета. Из-за того, что ситуация в Китае и других странах стремительно изменяется во всех отношениях, только путем проведения фундаментальной исследовательской работы в области теоретических и прикладных исследований, практического преподавания и других возможно развить научность, завершенность, дальновидность и адаптивность создания научной дисциплины. В частности, незаполненным пропуском все еще остается создание базовой теории Институтов Конфуция и

Классов Конфуция, существует насущная потребность сделать ее ключевой темой для долгосрочных систематических исследований с целью реализации устойчивого развития.

6. Отсутствие рабочего механизма многоуровневой и качественной подготовки кадров

Поскольку международное обучение китайскому языку сочетает в себе научную дисциплину и практическую деятельность, необходимо развивать не только кадры, ориентированные на дисциплинарные исследования, но и кадры, ориентированные на преподавание, а также управленческие кадры, ориентированные на осуществление практической деятельности, кроме того необходимо готовить междисциплинарных специалистов, совмещающих в работе научный и практический аспект. В настоящее время недостает инновационных механизмов подготовки кадров на всех уровнях, ситуация острой необходимости в преподавательских кадрах является довольно распространенной. Кроме того, подготовка преподавателей недостаточно целенаправленна, а общее планирование недостаточно серьезно. В сфере подготовки кадров на высшем уровне на данный момент достаточное внимание уделяется только подготовке научных специалистов в магистратуре и докторантура, другие сферы не затрагиваются. В частности, обучение и создание преподавательского состава и управленческих кадров за рубежом требует разработки на высшем уровне и общего планирования на национальном уровне.

(Автор: Ши Чуньхун, Пекинский университет языка и культуры)

II Тематические доклады

Доклад о подготовке и развитии международных преподавателей китайского языка

Преподавание китайского языка как иностранного после образования КНР началось в июле 1950 года в Университете Цинхуа, при котором в начале 1951 года был открыт набор на курс «Специальный курс китайского языка для студентов по обмену из Восточной Европы», на этом курсе обучались тридцать три иностранных студента, занятия вели шесть преподавателей китайского языка. В 1961 году Министерство высшего образования отбирало и готовило преподавателей китайского языка для преподавания за границей (1961-1964 гг.), работа по подготовке квалифицированных преподавательских кадров начинается именно в это время. Летом 1965 года Пекинский институт иностранных языков провел первые курсы по повышению квалификации для преподавателей китайского языка иностранным студентам. В 1978 году в Пекинском институте иностранных языков открылся первый набор на четырехлетнее обучение по специальности «современный китайский язык» в бакалавриате, подразумевающее профессиональную подготовку преподавателей китайского языка и других аспектов. Вслед за этим, в 80-е и 90-е годы соответствующие направления подготовки, специализирующиеся на подготовке преподавателей китайского языка как иностранного, открылись в бакалавриате, магистратуре и докторантуре.

I. Подготовка кадров

Подготовка учителей китайского языка – это длительный процесс, который заключается в непрерывном профессиональном аудиторном обучении, самостоятельном обучении после занятий, участии в педагогической практике, последовательном исправлении ошибок, установлении правильного профессионального отношения и профессионального самосознания, конечным итогом данного процесса является становление зрелого и опытного преподавателя китайского языка.

Чтобы удовлетворить постоянно растущую потребность иностранных государств в квалифицированных преподавателях китайского языка как иностранного, Китай всеми силами продвигает развитие отрасли международного обучения китайскому языку, неустанно совершенствует систему подготовки специализированных педагогических кадров. В настоящее время в дополнение к специальности бакалавриата «Преподавание китайского языка как иностранного», подготовка преподавателей в области международного обучения китайскому языку также включает уровни магистратуры и докторантуры, охватывающие четыре типа подготовки: магистры и доктора с учебной степенью, а также магистры и доктора с профессиональной степенью. Согласно статистическим данным на 2019 год в КНР насчитывается более ста учебных заведений, ведущих подготовку преподавателей китайского языка на международном уровне, расположенных в двадцати девяти провинциях и автономных регионах, за исключением провинции Цинхай и Тибетского автономного района (не учитывая Гонконг, Макао и Тайвань).

1. Магистры с научной степенью

Начиная с 90-х годов XX в. началось официальное учреждение магистерских программ по преподаванию китайского языка как иностранного, что стало прологом к подготовке в данной сфере высококлассных кадров. Срок обучения по данным магистерским программам составлял три года.

В 2019 году в восьмидесяти двух учебных заведениях были набраны студенты, которые получат академическую степень по программам магистратуры «лингвистика» и «прикладная лингвистика» («преподавание китайского языка как иностранного» и другим направлениям). Однако в 2006 году начался пробный набор магистров с профессиональной степенью, с того момента их количество постоянно увеличивается, а количество магистров с научной степенью уменьшается. На данный момент большинство учебных заведений ведет набор гораздо большего количества магистров с профессиональной степенью, нежели магистров с научной степенью.

2. Доктора с научной степенью

В 1997 году комитет по присуждению ученых степеней Государственного совета КНР учредили учебную программу докторантуры по специальности «лингвистика и прикладная лингвистика» (код 050102), в том же году начался набор студентов на эту программу. В 2015 году Пекинский университет языка и культуры самостоятельно ввел программу докторантуры «международное преподавание китайского языка» и открыл официальный набор студентов, это первая в КНР докторская программа, в названии которой было официально заявлен «международный» статус преподавания (то есть преподавание китайского языка как иностранного). Срок подготовки докторов с научной степенью составляет от трех до четырех лет.

В 2019 году 59 учебных заведений набрали 79 абитуриентов на докторские программы с ученой степенью по направлению международное преподавание китайского языка.

3. Магистры с профессиональной степенью

Чтобы удовлетворить ежедневно растущий спрос во всем мире на преподавателей китайского языка, в 2006 году начался пробный набор в магистратуру по направлению «международное обучение китайскому языку». В 2007 году специальность была официально включена в каталог образовательных программ магистратуры, в 2008 году начался официальный набор абитуриентов по всему Китаю на данную специальность. Сроки обучения на данной магистерской программе – от двух до трех лет. После учреждения данной программы в большинстве учебных заведений срок обучения составлял два года, в последние годы все больше учебных заведений реализуют трехлетнюю программу. На 2018 год данная программа реализуется в 148 образовательных учреждениях КНР, более чем за десять лет существования ее выпускниками стали примерно 48 000 студентов.

В 2019 году 148 учебных заведений КНР приняли 6520 студентов на обучение в магистратуре по направлению международное обучение китайскому языку. Среди них 5209 студентов из Китая, 1311 студентов-иностранцев. По статистическим данным, на 2019 год общее количество студентов, закончивших обучение по специальности международное обучение китайскому языку составило примерно 55 000 человек. Среди них примерно 43 000 студентов из Китая, примерно 12 000 студентов-иностранцев.

В настоящее время степень магистра в области международного преподавания китайского языка стала крупнейшим видом подготовки китайских преподавателей в международной системе подготовки кадров для преподавания китайского языка в Китае, а также крупнейшим типом экспорта за рубеж. Поэтому этот тип подготовки квалифицированных специалистов очень важен и привлекает большое внимание. Каждый год по всему Китаю проводится ряд профессиональных форумов, посвященных обсуждению вопросов, связанных с подготовкой новых кадров. Согласно опросу, в дополнение к обязательным курсам «преподавание китайского языка как второго языка», «введение в изучение китайского языка как второго языка», «введение в китайскую культуру», «межкультурная коммуникация и общение», «организация и управление классом» и другие курсы, а также факультативным курсам по культуре, языковому обучению и педагогике, организация курсов педагогической практики и правила годичной зарубежной педагогической стажировки в некоторых образовательных учреждениях, являются особенностями этого типа работы по подготовке талантов.

4. Доктора с профессиональной степенью

Чтобы повысить уровень подготовки кадров в сфере международного обучения китайскому языку, в 2018 году министерство образования КНР утвердило кандидатуры 12 учебных заведений в качестве испытательных площадок по набору абитуриентов на программы докторантуры по направлению международное обучение китайскому языку, чтобы воспитать высококвалифицированные кадры для преподавания китайского языка в Китае и за рубежом и международного распространения китайской культуры. В тот же год на данные программы поступили 22 абитуриента. В основном студенты совмещают обучение в докторантуре с основной рабочей деятельностью, срок обучения обычно составляет от 4 до 6 лет.

По статистике в 2019 году 59 студентов поступили на программы обучения в докторантуре в 19 учебных заведениях по всему Китаю. К концу 2019 года 81 студента обучались на программах докторантуры по направлению международное обучение китайскому языку в 19 учебных заведениях Китая.

В 2019 году в 148 учебных заведениях страны обучалось более 7000 магистрантов и докторантов четырех вышеперечисленных категорий.

Подводя итог, можно сказать, что нынешняя ситуация развития подготовки преподавательских кадров в сфере международного обучения китайскому языку имеет следующие особенности: во-первых, система подготовки специалистов является крайне полноценной, предоставляет соответствующие направления подготовки для бакалавриата, магистратуры (профессиональной степени и научной степени), докторантуры (профессиональной степени и научной степени), объединенные в интегрированный механизм, обеспечивающий надежную гарантию удовлетворения потребностей международного обучения китайскому языку, уменьшение нехватки учителей и подготовку научно-исследовательских кадров для развития международного преподавания китайского языка. Во-вторых, подготовка магистров в сфере международного преподавания китайского языка носителям других языков – это важная гарантия практического преподавания, одно из центральных направлений развития образовательной отрасли. Путем многолетних усилий и развития нехватка преподавателей китайского языка за рубежом в большей степени восполняется.

В 2019 году Китай также поддержал 17 университетов в 12 странах в создании программ обучения китайскому языку для профильной подготовки местных преподавателей китайского языка.

II. Обучение квалифицированных кадров

Чтобы удовлетворить потребности различных стран мира в повышении уровня практических навыков китайских учителей, Китай с помощью различных методик проводит курсы повышения квалификации для иностранных преподавателей, а также для китайских преподавателей, которые отправляются работать за пределы Китая.

1. Подготовка преподавательских кадров

(1) Предварительная подготовка государственных преподавателей.

В 2019 году подготовлено 925 новых преподавателей, которые по государственным программам отправлены в 155 стран для работы в области образования.

(2) Подготовка иностранных преподавателей в Китае.

По статистическим данным, за 2019 год курсы повышения квалификации прошли 953 преподавателя китайского языка из 56 стран.

(3) Подготовка преподавателей за границей выездными специалистами из Китая.

По статистическим данным, за 2019 год Китай направил в 13 стран экспертные группы, которые провели подготовку 783 преподавателей китайского языка.

2. Подготовка китайских преподавателей-волонтеров

(1) Предварительная подготовка китайских преподавателей-волонтеров.

По статистическим данным, за 2019 год более 4700 преподавателей-волонтеров были обучены и отправлены в 140 стран.

(2) Подготовка преподавателей-волонтеров на рабочих местах.

По статистическим данным, за 2019 год в 17 странах были развернуты программы по обучению преподавателей-волонтеров на рабочих местах, всего подготовку прошли более 3700 человек.

Подводя итог, можно сказать, что за 2019 год в Китае было обучено 1736 местных преподавателей, 925 преподавателей для работы по государственным программам за границей, более 8400 преподавателей-волонтеров (включая программы предварительного обучения и программы обучения на рабочем месте). Общее количество преподавателей китайского языка прошедших программы обучения и повышения квалификации составило около 11 000 человек.

3. Подготовка кадров за рубежом

В 2019 году, в соответствии с высоким спросом на преподавателей китайского языка за рубежом, Китай отобрал, обучил и направил в общей сложности 9 922 китайских преподавателя (включая государственных учителей и преподавателей-волонтеров) в 155 стран. Среди них 6289 китайских преподавателей-волонтеров были отправлены в 140 стран и регионов для преподавания китайского языка, а 3633 преподавателя были отправлены по государственным программам в университеты, средние и начальные школы в 155 странах. Среди них 3006 учителей были направлены для преподавания в 416 Институтов Конфуция и 66 Классов Конфуция в 152 странах, а 627 учителей были направлены для преподавания в университеты, средние и начальные школы, не входящие в систему Институтов Конфуция. Среди преподавателей-волонтеров 3031 человек работают в системе Института Конфуция/Классов Конфуция, 3258 человек работают в местных университетах, средних и начальных школах, не входящих в систему Института Конфуция или Классов Конфуция.

В 2019 году 219 местных китайских учителей были отправлены в 43 страны проекта «Один пояс, один путь».

Судя по соотношению количества китайских учителей, востребованных зарубежными странами в 2019 году, количества учителей и преподавателей-добровольцев, отправленных Китаем за рубеж, и количества местных преподавателей китайского языка, можно сделать вывод, что спрос на зарубежных преподавателей китайского языка и масштабы подготовки и отправки китайских кадров за рубеж учителей в основном достигли сбалансированного результата.

(Автор: Чжу Жуйпин, Лю Сюй, Пекинский педагогический университет)

Доклад о создании и разработке международных учебных материалов по китайскому языку

I. Процесс создания учебных материалов

После основания КНР первым китайским учебным материалом по обучению китайскому языку как иностранному стало «Пособие по изучению китайского языка» (Дэн И, 1958 г.), в то же время за пределами Китая появился болгарский учебник «Китайский язык» (Чжу Дэси, Чжан Суньфэнь, 1954 г.) и другие.

Со времени политики реформ и открытости создание учебных материалов и международное обучение китайскому языку шли рука об руку. После основания Ханьбань в 1987 году разработка учебных материалов стала активно продвигаться. К концу 2013 года штаб-квартира Института Конфуция создала и разработала около 3000 томов учебных материалов, учебные пособия включают в себя материалы для университетов, средних и начальных школ, самоучители и справочники, материалы для чтения, вспомогательную литературу, пособия для подготовки к экзаменам, нормативные документы и учебные программы и другие материалы, составляющие базовый каркас пособий по международному обучению китайскому языку. К 2017 году в 170 стран было отправлено более 30 млн. учебников и книг; электронные библиотеки предоставляют доступ к цифровым ресурсам по языку, культуре, гуманитарным и общественным наукам.

С начала XXI века исследования и разработка международных учебников китайского языка проявляют новые характеристики и тенденции развития. Во-первых, существенно растет издательский объем: до 2000 года 1373 тома/типа (13,6%); а в первые 20 лет данного века - 8735 томов/типов (86,4%). Во-вторых, в прошлом веке издавались учебные материалы на 16 иностранных языках, в первые 20 лет XXI века их число выросло на более чем 40. В-третьих, выросло количество учебных материалов для детей, с 242 томов/изданий в прошлом веке (17,63%) до 2883 томов/типов в первые 20 лет XXI века (33,01%). В-четвертых, процент специализированных учебных материалов XX века составлял лишь 1%, в первые 20 лет данного века увеличился до более чем 5%. К концу 2018 года в глобальной научно-исследовательской и учебной базе данных учебных материалов по китайскому языку было собрано более 17800 томов/типов международных учебников китайского языка, опубликованных в 40 странах на 56 иностранных языках. Глобальная тенденция развития международных учебников по китайскому языку заключается в том, что главной темой постепенно становятся не элементы языка, а сочетание языка, коммуникации и культуры, методики преподавания становятся более разнообразными, коммуникативные техники становятся все более конкретными.

II. Современная ситуация в Китае

Статистические данные по учебным материалам 22 издательств к концу 2019 года: общее количество 667 томов/видов, материалы на 16 иностранных языках (китайский, английский, корейский, французский, русский, немецкий, арабский, испанский, индонезийский, тайский, монгольский, румынский, чешский, голландский, польский, хауса, двуязычные/многоязычные пособия).

1. Учебные материалы и материалы для чтения

В Китае насчитывается 140 томов/типов учебников для аудиторных занятий, в том числе 131 том/тип универсальный учебник китайского языка и 9 томов/

типов специализированных учебников по китайскому языку, которые являются наиболее подходящими для нужд преподавания китайского языка в современную эпоху. Такие учебные материалы, как «Интенсивный подготовительный курс по китайскому языку» (6 томов) издательства Пекинского университета языка и культуры, «Учись в Китае» (4 тома) издательства «Преподавания и исследования иностранных языков», учебники на общую тему «Курсы по подготовке к вступительному экзамену в бакалавриат для студентов-стипендиатов Правительства Китая» удовлетворяют ежедневно растущему спросу приезжающих в Китай студентов на учебные материалы. Специализированные учебники и учебные пособия для студентов бакалавриата, используемые для занятий в классе – это серия «Профильный научно-технический китайский язык: физика», «Чтение и написание дипломных работ для иностранных студентов», «Написание дипломных работ». Издательство Commercial Press составило серию учебников «Онлайн-курс Пекинского университета: учебные материалы», который можно использовать в комплекте с онлайн-курсом Пекинского университета «Уроки китайского языка».

В учебниках, подходящих для аудиторных занятий, больше внимания уделяется потребностям учащихся разного возраста: в 2019 году разработано 93 тома/типа учебников для студентов университетов и взрослых, 29 томов/типов учебников для средней школы и 18 томов/типов учебников для начальной школы. Среди учебных материалов для взрослых «Expressway to Chinese» издательства Пекинского университета языка и культуры, «Курс китайского языка Boya Chinese» издательства Пекинского университета, «Mastering Chinese» издательства «Народное образование», «Contemporary Chinese» издательства Sinolingua (на монгольском, польском и чешском языках) и другие. Среди учебных материалов для средней школы «Jump High - A Systematic Chinese Course» издательства Пекинского университета языка и культуры, «Everyday Chinese — Chinese Course Book for Middle Schools in Thailand» (учебник для учеников средних школ в Таиланде) и другие. Среди учебных материалов для начальной школы «Я люблю китайский язык – учебник по китайскому языку для учеников начальных школ

Таиланда» издательства «Преподавание и исследования иностранных языков», «Lively Chinese» издательства Sinolingua и другие.

Существует 6 томов/типов учебников и пособий для самостоятельного изучения китайского языка. Поскольку в Китае относительно много прочих ресурсов для изучения китайского языка, спрос на такие учебники небольшой.

Существует 454 тома/типа учебных материалов для чтения, что составляет 68,1% от общего количества учебных материалов по китайскому языку в Китае. Среди них 415 томов/видов детской литературы, что составляет 91,4% от всего объема материалов. Спектр тем материалов для чтения широкий, в том числе существуют учебные материалы для чтения, посвященные культуре, национальным особенностям, повседневной жизни/студенческой жизни, науке и другим темам, большинство из них представляют собой серии книг, дифференцированные по уровням языка.

2. Справочники и вспомогательная литература

Существует 7 томов/типов справочников. Например, «Advanced Chinese-English Dictionary of Chinese Usage» (иллюстрированное издание), Издательства Обучение китайскому языку, «Малый словарь китайского языка» (2 типа). Последний предназначен для перевода слов начального уровня с китайского языка на французский язык или с китайского языка на немецкий язык. Китайские слова распределены в соответствии с лексическими списками «Общие принципы экзамена HSK» и «Общего списка наиболее частотных выражений китайского языка». Пособие снабжено иллюстрациями.

Существует 36 томов/типов вспомогательной учебной литературы. К ним относятся учебные материалы по подготовке к экзамену HSK, например, «Наиболее частотная лексика экзамена HSK», «Письменный экзамен HSK, рабочая тетрадь». Кроме этого, к вспомогательной литературе относятся учебные материалы по IBDP на китайском языке, пробные экзаменационные тесты IGCSE/IBDP.

Существует 24 тома/типа методических учебников для преподавателей.

«Преподавание китайского языка как иностранного» от издательства Higher Education Press рассказывает о методиках обучения, составляющих процесса обучения и методических навыках. «Международное преподавание китайского языка начинается здесь: примеры и анализ международного преподавания китайского языка в начальных и средних школах» издательства Пекинского университета знакомит читателя с 60 реальными примерами преподавания в 13 странах.

III. Современная ситуация за рубежом

В 12 странах, где международное преподавание китайского языка развивается достаточно стабильно, современная ситуация такова: к концу 2019 года в общей сложности существует 598 томов/типов учебных пособий на 10 иностранных языках (китайский, английский, корейский, японский, французский, немецкий, испанский, тайский, индонезийский, арабский, существуют двуязычные и многоязычные пособия).

1. Учебные материалы и материалы для чтения

В зарубежных странах насчитывается 246 томов/типов учебников для аудиторных занятий, в том числе 237 томов/типов универсальных учебников китайского языка и 9 томов/типов специализированных учебников по китайскому языку (три учебника по туризму, два учебника по бизнесу и торговле, по одному учебнику по юриспруденции, авиации, медицине и сфере продаж), примерами последних являются «Судебная теория перевода и судебные прецеденты на китайском языке», «Авиационные объекты на китайском языке», изданные в Южной Корее. Учебники для использования на аудиторных занятиях, разделенные по возрастным категориям: 151 том/тип для студентов университетов и взрослых, 24 тома/типа для учеников средних школ, 68 томов/типов для учеников начальных классов, 3 тома/типа для детей дошкольного возраста. Среди учебников для студентов университетов и взрослых «Новые горизонты китайского языка» в Японии, «Eyes on China: An Intermediate-Advanced Reader of Modern Chinese» для англоговорящих обучающихся, «Ternyata Bahasa Mandarin Mudah» в Индонезии. Среди учебников для учеников средних классов «VIAJE A CHINA» в Испании, «Великая китайская стена» в Сингапуре и другие. Среди учебников для начальной школы «Изучаем Китай» в Египте, «Chinois: le guide de conversation des enfants» во Франции, «Весело учим китайский язык» в Таиланде.

Существует 144 тома/типа учебников и пособий для самостоятельного изучения китайского языка, что намного больше, чем аналогичных учебников в Китае. Содержание учебников в основном посвящено разговорной речи, аудированию, словарному запасу (включая карточки для запоминания слов), иероглифам, грамматике и прочему. Например, «Next Steps in Mandarin Chinese with Paul Noble for Intermediate Learners» английского издательства Harper Collins или « Chinesische Handelskorrespondenz» в Германии.

Материалов для чтения насчитывается 113 томов/типов. Среди них к детской литературе относятся 96 томов/типов, в основном это литературные рассказы и сказки, существуют бумажные издания, электронные версии, а также аудиокниги. Например, всемирная детская библиотека для чтения на китайском языке «Cengage» в Сингапуре разделена на 10 уровней, включает в себя рассказы, научно-популярную литературу и литературу, посвященную китайской культуре. Опубликовано и выпущено в продажу 50 томов/типов, в основном в США, Индонезии и на Филиппинах.

2. Справочники и вспомогательная литература

В общей сложности насчитывается 17 видом справочной литературы. В основном это материалы для взрослых обучающихся, среди них наибольшее количество словарей, грамматических справочников, пособий по иероглифике и других. В двух томах представлены словари в картинках для детей.

Представлено 73 тома/типа пособий для подготовки к экзаменам, в которых основное внимание уделяется освоению словарного запаса и пробным тестам. Больше всего пособий по подготовке к экзамену HSK, например, «Easy Writing HSK 3 Full Chinese Simplified Characters Vocabulary», «HSK1級 必ず☆でる単スピードマスター», также по экзамену YCT, например, «드림중국어 YCT». Кроме этого, пособия по другим экзаменам: «AP Chinese Vocabulary Book Version 2019», «IB Chinese B (HL) Chinese Intensive Revision». Существует целый ряд учебников для средней школы: серия «Cambridge IGCSE® Chinese as a Second Language» и другие.

Представлено 5 томов/типов учебных материалов для учителей. Например, учебные пособия «Инструментарий для начального обучения китайскому языку», а также материалы, посвященные преподаванию, исследованию учащихся, такие как «Преподавание китайского языка как иностранного: путь ученика».

IV. Особенности создания учебных материалов

1. Учебных материалов для чтения и материалов для подготовки преподавателей в Китае больше, чем за рубежом. Количество учебных материалов для аудиторных занятий, самоучителей, справочников и вспомогательной литературы, а также материалов для подготовки к языковым экзаменам за рубежом больше, чем в Китае. Таким образом, учебные материалы, изданные в Китае и за рубежом дополняют друг друга.

2. Детские учебники составляют 33,4% от количества учебников, предназначенных для аудиторных занятий, детские материалы для чтения составляют 91,1% от общего объема учебных материалов для чтения. Большое количество детей за пределами Китая изучают китайский язык, китайский стал частью системы образования уже более чем в 60 странах мира, что приводит к тому, что доля детских учебников за рубежом на данный момент значительно выше, чем в Китае.

3. Возросло количество учебных материалов типа «китайский язык + специальность». Определяющим фактором роста этого направления является

потребность в профильных специалистах, удовлетворяющих потребностям «Одного пояса, одного пути». Например, «Chinese for Working Professionals» британского издательства Routledge, «Изучай технический китайский в Китае» издательства университета Кхонкэн в Таиланде (включает темы «Железные дороги», «Логистика», «Электронная коммерция»), «Китайский язык для полицейских» издательства «Преподавание и исследования иностранных языков» Китая, «Китайский язык для стюардесс» тайваньского издательства «Синьсюэлинь» и другие. Издательства некоторых Институтов Конфуция/Классов Конфуция в Африке также составляют учебные пособия (не изданы): «Китайский язык для гидов-экскурсоводов» Института Конфуция при университете в Намибии, «Китайский язык для авиации» и «Китайский язык для туризма на Сейшельских островах» Института Конфуция при университете на Сейшельских островах, «Китайский язык для медсестер» Института Конфуция университета Сьерра-Леоне и другие. Издательство Национального открытого университета Китая запланировало выпуск серии учебников «Промышленный китайский язык», учебник «Технология сварки на китайском языке» уже была опробована в Замбии.

4. Увеличилось количество учебных материалов в районах, ранее нуждавшихся в учебных пособиях. В арабском регионе египетская инвестиционная компания Bayt Alhekma Cultural Investment Company и издательство Восточно-китайского педагогического университета Китая совместно опубликовали серию учебников «Изучение Китая» (с 1 по 6 классы, двуязычное китайско-арабское издание), министерство образования ОАЭ внедрило учебные пособия для средних школ «Пересекая Шелковый путь» (не издано). В Африке Институты Конфуция/Классы Конфуция выпустили ряд собственных пособий (см. абзац выше), в Мозамбике издано учебное пособие «Жизнь в литературе». В международных школах Казахстана широко используется учебник чтения на 8 языках «История Ли» издательства Hong Kong Express China International Education Press Китая.

5. Широкое внимание уделяется педагогическим материалам. Основными темами учебных материалов для преподавателей становятся методика

преподавания, примеры из практики, техники обучения, например, «Принципы преподавания учителя Гань», «50 примеров игр, обучающих китайскому языку». С целью соответствовать требованиям современной ситуации и устранить слабые места, связанные с нехваткой преподавателей, целый рад преподавателей в издательствах Пекинского университета языка и культуры, Пекинского университета и других работает над созданием педагогических учебных пособий.

6. Несбалансированное содержание научных исследований учебных пособий. По ключевым словам в базе CNKI можно найти 113 статей на тему учебных пособий по китайскому языку: 9 статей об издательствах, 6 статей об учебных материалах до образования Нового Китая, 98 статей об учебных материалах после образования Нового Китая. Большая часть данных 98 статей посвящена исследованию учебных материалов, использующихся в университетах, 6 статей освещает учебные материалы в средних и начальных школах, 3 статьи посвящено материалам для чтения. В 11 статьях исследуются зарубежные и адаптированные учебные материалы, 8 статей посвящено специализированным учебникам китайского языка, общий масштаб исследований достаточно мал.

7. Тенденции будущего развития становятся более ясным. Необходимо обратить внимание на адаптацию учебников, соответствие возрасту и направление специализации (профильный китайский язык, китайский язык для определенных профессий), придавать большее значение созданию онлайн-образовательных ресурсов и адаптироваться к потребностям глобального обучения китайскому языку. Синхронизироваться с педагогической практикой, своевременно усваивать и применять результаты мировых исследований преподавания китайского языка как иностранного, обращать внимание на научную составляющую учебников и их практическую эффективность.

(Автор: Чжоу Сяобин, Пекинский университет языка и культуры;
Ван Си, Восточно-китайский педагогический университет)

Доклад о разработке экзаменов на знание китайского языка

2019 год — это новая отправная точка для международного обучения китайскому языку, а также важный исторический этап и абсолютно новая стадия развития для экзамена на знание китайского языка. Экзамен на знание китайского языка HSK был учрежден в 1984 году и с тех пор проводится уже 35 лет. Со времени создания в 2004 году системы Институтов Конфуция экзамен HSK и другие экзамены на знание китайского языка уже на протяжении пятнадцати лет отвечают потребностям экзаменуемых и активно развиваются. Экзамен HSK находится на новой стадии развития, изменения от «китайского языка» к «китайскому письменному языку», от «экзамена» к «тесту» — это не простые преобразования формулировок, они символизируют собой новую эру в развитии международного обучения китайскому языку, возвращение к основной сути, где одинаково важны устная речь и письменный язык, процесс важнее, нежели результат, концепцию развития системного тестирования. В 2019 году экзамен на знание китайского языка (HSK) стал третьим по величине языковым экзаменом после IELTS в Великобритании и TOEFL в США. «Приобщиться к мировому сообществу, неустанно выступать с новыми идеями» — это основной ключ к постоянному прогрессу и устойчивому развитию экзамена на знание китайского языка.

I. Современная ситуация

В 2019 году тестирования на знание китайского языка превратились в глобальную систему тестирований по китайскому языку с все более полным набором типов и функций. В частности, система тестирований включает в себя целый ряд экзаменов: экзамен на уровень владения китайским языком HSK в качестве основного экзамена, устный экзамен на уровень владения китайским языком HSKK, экзамен для учеников младшей и средней школы YCT, Экзамен на знание делового китайского языка BCT, тест на знание медицинского китайского MCT, а также серию тестов на китайском языке, состоящую из аудиторных тестов, имитационных диагностических тестов и сертификационных тестов на китайском языке за рубежом. В 1990 году впервые был проведен экзамен HSK, в нем приняли участие 391 человек; в 2004 году, когда был создана система Институтов Конфуция, количество центров тестирования HSK выросло до 61 в 33 странах, в этом же году 32 000 человек приняли участие в экзамене HSK; в 2019 году количество центров тестирования HSK составило 1229 в 150 странах, в тестировании HSK приняли участие 808 000 человек, для участия в прочих тестах на знание китайского языка было зарегистрировано 7,5 миллионов человек.

В этом докладе в качестве статистической выборки (достоверность контрольной работы α: 0,905–0,941) для изучения и анализа современного состояния экзамена на знание китайского языка в этом году выбраны данные 448 406 экзаменующихся, которые участвовали в шести уровнях экзамена HSK 1-6 в 2019 году. Результаты исследования показали, что тест HSK быстро развивается, однако существуют проблемы несбалансированного развития по трем аспектам: региональное распределение, возрастное распределение и распределение по уровням, что отражает текущую ситуацию в сфере международного обучении китайскому языку.

С точки зрения регионального распределения, в 2019 году больше всего экзаменующихся пришлось на Азию (не включая Китай), количество составило 62,9% от общего количества в мире, процентное соотношение в других регионах следующее: Европа 8,9%, Африка 3,7%, Северная Америка 2,0%, Южная Америка 1,1%, Океания 0,5%, что отражает несбалансированность в региональном распределении тестирований. В 2019 году в семи странах мира количество экзаменуемых превысило 10 000 человек, в пяти странах мира количество экзаменуемых составило от 5000 до 10000 человек (таблица 1). С целью проведения соответствующего статистического анализа количества экзаменуемых из вышеуказанных 12 стран в дополнение к хорошо известным историческим и культурным факторам в данном докладе используются опубликованные данные о количестве иностранных студентов в Китае в 2018 году и объеме двусторонней торговли с Китаем. Результаты показывают, что «количество иностранных студентов, обучающихся в Китае» и «объем двусторонней торговли» значительно положительно коррелируют с количеством экзаменуемых HSK ($p<0,001$), а коэффициенты R составили 0,815 и 0,494 соответственно.

Таблица 1 Статистика по количеству экзаменуемых и итогам экзаменов HSK в некоторых странах в 2019 году

Страна	Общее кол-во человек	HSK1		HSK2		HSK3		HSK4		HSK5		HSK6	
		Кол-во экзаменуемых	Процент положительной оценки	Кол-во экзаменуемых	Процент положительной оценки	Кол-во экзаменуемых	Процент положительной оценки	Кол-во экзаменуемых	Процент положительной оценки	Кол-во экзаменуемых	Процент положительной оценки	Кол-во экзаменуемых	Процент положительной оценки
Южная Корея	102638	5233	95.26%	8349	93.75%	15313	79.66%	25319	66.84%	28261	62.25%	20163	64.82%
Китай	93738[1]	2265	95.01%	3896	92.35%	9997	80.59%	37411	64.76%	24630	70.01%	15539	66.74%
Таиланд	50874	8194	71.15%	10826	70.76%	11431	57.96%	11556	51.22%	7697	47.84%	1170	55.13%
Япония	29836	2674	95.55%	4125	94.38%	6065	91.38%	6825	76.92%	6161	65.98%	3986	59.96%
Вьетнам	21003	454	97.36%	2481	92.66%	6614	85.53%	6989	83.63%	3749	78.37%	716	72.07%
Индонезия	16612	3617	87.84%	4190	90.67%	3890	83.29%	3056	73.53%	1541	71.06%	318	77.99%
Мьянма	11947	1372	98.10%	2468	95.58%	2146	90.63%	2397	83.35%	1659	81.68%	1905	81.15%
Филиппины	11655	3789	65.29%	3250	66.58%	2870	55.16%	1155	41.30%	338	52.07%	253	77.47%
Россия	8162	1712	94.98%	1983	92.54%	1923	82.79%	1452	67.22%	934	56.96%	158	48.10%
Италия	6732	1945	94.91%	1927	95.23%	1365	81.90%	841	80.98%	439	72.67%	215	81.40%

Франция	5724	1344	94.20%	1798	88.38%	1484	70.96%	643	63.30%	328	66.46%	127	68.50%
Пакистан	5203	2598	77.60%	1425	77.33%	768	51.43%	315	33.33%	84	55.95%	13	15.38%
США	5120	931	87.86%	1007	90.07%	996	74.60%	1317	71.15%	645	69.46%	224	84.38%

Источник данных: сайт www.chinesetest.cn

Что касается возрастного распределения, в 2019 году средний возраст экзаменуемых по всему миру составил 21,71 год, что ниже нормы на 7,97 лет, возраст самого пожилого участника – 88 лет, самого молодого – 6 лет, количество экзаменуемых в возрасте до 24 лет составило 75% от общего количества, общий возраст участников довольно низкий, это указывает на некоторую асимметрию в возрастном распределении. Средний возраст участников экзамена HSK1 составил 18,85 лет, HSK2 – 19,36 лет, HSK3 – 21,22 года, HSK4 – 22,37 года, HSK5 – 23,58 года, HSK6 – 24,02 года. Кроме этого, средний возраст участников экзамена YCT составил 12,88 лет, количество экзаменуемых в возрасте до 15 лет составило 84% от общего количества.

Если проводить анализ результатов и уровня владения китайским языком, то существует некоторый дисбаланс в распределении по странам и распределении по уровням. Если взять в качестве примера 12 стран, взятых из выборки, то показатели сдачи экзаменов в Мьянме, Вьетнаме, Италии и Индонезии выше, чем в среднем по миру; за исключением уровня HSK3 в США и уровня HSK6 в Японии, процент сдачи других уровней в данных странах выше, чем в среднем по миру; показатели сдачи экзаменов уровней HSK 5–6 во Франции выше, чем в среднем по миру, а процент сдачи тех же уровней в России и Южной Корее ниже, чем в среднем по миру; показатель сдачи экзамена HSK на Филиппинах (кроме уровня 6 HSK), в Пакистане и Таиланде на 9-50 процентных пунктов ниже, чем в среднем по миру. Это свидетельствует о различиях в обучении китайскому языку в разных странах с точки зрения исторических традиций, базового уровня учащихся, квалификации учителей, качества учебных программ и того, насколько большое значение местные органы власти придают образовательной сфере. Кроме того, процент положительного результата сдачи каждого уровня HSK постепенно снижается, от 86,28% положительных результатов тестирования HSK1 до 64,77% положительных результатов тестирования HSK5, в то время, как процент положительного результата сдачи HSK6 вырос до 67,13% (рис. 1), что в основном соответствует закономерностям в сфере обучения китайскому языку и существующему устройству градуированного теста, а причина увеличения количества положительных результатов при сдаче HSK6 подлежит дальнейшему изучению. С точки зрения распределения уровней, экзамены низкого уровня более популярны за границей, при этом количество участников экзаменов HSK1–4 составляет 70,05% от общего количества экзаменуемых, что отражает объективную реальность того, что уровень китайского языка иностранных учащихся по-прежнему в целом находится на средне-низком уровне. Количество участников экзаменов HSK3–5 наиболее высокое, что в основном связано с минимальными требованиями к владению китайским языком для обучения в Китае и общим принятием уровней HSK4 или HSK5 в китайских университетах в качестве входного порога для обучения за границей.

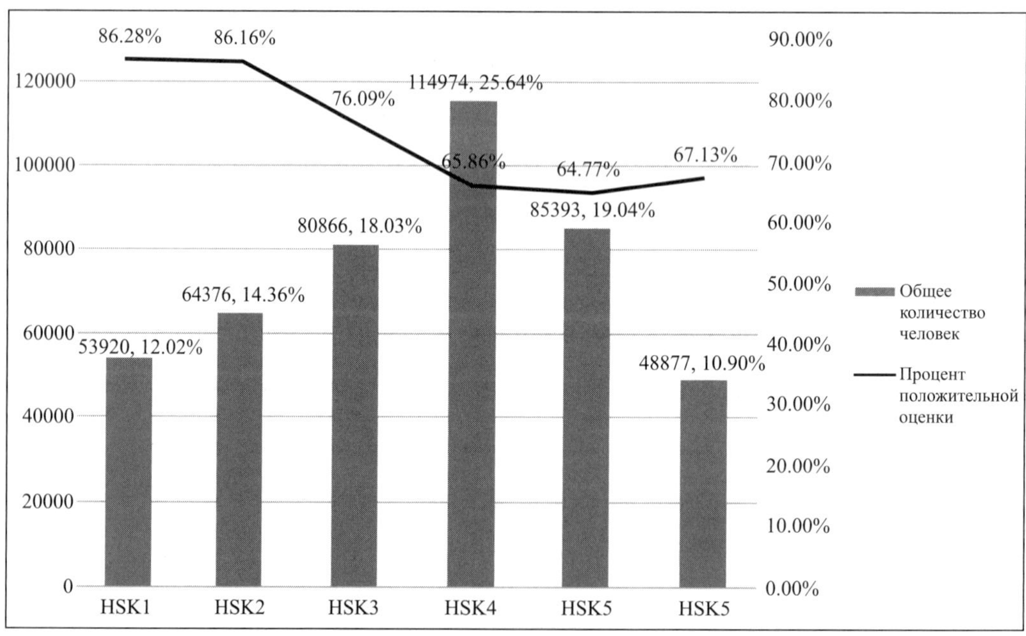

Источник данных: сайт www.chinesetest.cn

Рисунок 1 Количество кандидатов и процент успешной сдачи экзаменов HSK на всех уровнях в 2019 году

II. Концепции развития

1. Ориентация на обучающихся

С постоянным увеличением количества участников в экзаменах на знание китайского языка концепция разработки тестов, ориентированных на обучающегося, стала играть положительную роль в продвижении «преподавания и обучения». Во-первых, тест на знание китайского языка является не только оценкой результативности обучения, но и важным средством поэтапной оценки процесса обучения китайскому языку, такие тесты помогают изучающим китайский язык восполнить свои недостатки и улучшить результаты обучения. В 2019 году 6,7 миллионов учащихся приняли участие в аудиторных тестах по китайскому языку и аналоговых диагностических тестах. Во-вторых, необходимо стремиться создать подходящую среду для обучения китайскому языку на всех этапах разработки учебных программ, поощрять учащихся «учиться для того, чтобы применять знания на практике». Темы, затронутые в экзамене HSK 2019 года, включают 47 тем в 10 основных категориях, таких как «повседневная жизнь», «профессиональная деятельность», «образование и культура», «наука, техника и естественные науки», эти темы всесторонне отражают все аспекты общественной жизни Китая. На данный момент более 1,25 миллиона человек обучаются на курсах, в основе которых лежат вышеперечисленные темы. В-третьих, для обучающихся экзамен на знание китайского языка – это мост, соединяющий Китай и зарубежные страны. Согласно неполным статистическим данным, в 2019 году 150 000 иностранцев узнали о Китае благодаря мероприятиям, рассказывающим об экзамене HSK и возможностях обучения и трудоустройства в Китае, благодаря сданному экзамену HSK 398 000 студентов приехали в Китай учиться и более 500 000 иностранцев приехали в Китай работать.

2. Подчеркивание особенностей китайского языка

В научной среде распространено мнение, что способности к языку чрезвычайно сложны и абстрактны. В 2019 году Чжан Хоуцань указал, что абстрактная «языковая способность» всегда проявляется как определенный «языковой уровень» в конкретном времени и пространстве. Возьмем в качестве примера экзамен HSK, шесть уровней экзамена в основном можно охарактеризовать посредством описания умений учащегося, соответствующих каждому уровню, а также трех аспектов: лексического запаса, разговорных тем и грамматических конструкций. Например, уровень HSK1 требует, чтобы учащиеся освоили 150 слов, 15 разговорных тем трех основных категорий, 8 языковых задач и 40 грамматических конструкций. Уровень HSK6 требует, чтобы учащиеся освоили более 5000 слов, 47 тем в 9 основных категориях, 14 языковых задач и 23 грамматических конструкции, все из которых отражают основные особенности китайского языка. Новая эпоха требует, чтобы тесты на знание китайского языка развивались последовательно, в их развитии наблюдалась преемственность, также требует, чтобы в тестах более полно отражались особенности китайского языка и более точно определялся уровень владения китайским языком у изучающих китайский язык в качестве второго языка. В ближайшее время будут выпущены новые стандарты преподавания и тестирования по китайскому языку: «Международные стандарты владения китайским языком» подчеркнут характерные особенности китайского языка, с помощью «четырех эталонов» произношения, письма, лексики и грамматики выстроят количественный указатель уровня языка (1110 слогов и звуков, 3000 иероглифов, 11092 лексических единицы, 572 грамматических пункта), определят языковые компетенции и коммуникативные способности, способности к вербальному общению, уточнят пять лингвистических навыков (аудирования, говорения, чтения, письма и перевода), а также четко определят деление на три ступени и девять уровней, а именно начальную, среднюю и высокую ступень и с первого по девятый уровень языка. В будущем «Стандарты владения китайским языком для преподавания китайского языка как иностранного» будут направлять преподавание, изучение, тестирование и систему оценивания в сфере международного обучения китайскому языку к унификации, чтобы соответствовать мировым тенденциям развития в новую эпоху.

3. Научные исследования и интеллектуальные стремления

Различные тесты на знание китайского языка всегда следовали идее о том, что «наука и техника является первой производящей силой» . Во-первых, в 2019 году продолжилось создание семнадцати «проектов Международного исследовательского фонда тестирования китайского языка» для продвижения фундаментальных исследований и развития технологий, а также запущены два ключевых проекта Государственного комитета по языковой политике и реформе КНР. Во-вторых, были систематизированы международная платформа ключевых вопросов китайского языка и цифровая система пула экзаменационных вопросов, с помощью метода «облачного хранения» и интеллектуальной группировки тестов, за шесть лет эффективной работы было зашифровано и сохранено в базы 120 000 экзаменационных вопросов по китайскому языку. В-третьих, по состоянию на конец 2019 года по всему миру было создано 489 центров онлайн-тестирования с использованием технологий сетевых облачных платформ, коэффициент охвата онлайн-тестов составил 40% от общего количества тестов. На основе дистанционной проверки и машинной обработки была запущена онлайн-система аналоговой проверки HSK, которая автоматически определяет уровень владения китайским языком и недостатки в обучении, а также целенаправленно помогает изучающим китайский язык улучшать свои методы обучения. В этом году данной системой воспользовались 15 775 человек. В-четвертых, в 2019 году, в дополнение к традиционной электронной почте для регистрации на экзамен и проведения консультаций, стада широко использоваться многоязычная интеллектуальная служба поддержки клиентов «Сяо Нэн», которая в течение года автоматически дала ответы на 11 940 вопросов различных категорий; также была внедрена категория распознавания лиц, позволяющая уточнить личность студента, гарантировать честное участие в экзамене и обеспечить безопасность.

III. Международное сотрудничество

По мере того, как использование китайского языка во всем мире расширяется, а число учащихся увеличивается, некоторые страны и международные образовательные организации сформулировали стандарты китайского языка, а некоторые страны включили китайский язык в национальную систему образования, внедрили тесты по китайскому языку и даже сделали китайский язык одним из предметов итоговых государственных экзаменов. Все тесты по китайскому языку отвечают разнообразным потребностям изучающих китайский язык во всем мире, являются важным составляющим элементом системы тестирования по китайскому языку, образуют хорошую экосистему, дополняющую экзамен HSK и прочие тесты на знание китайского языка.

1. Соответствие стандартов

Чтобы китайский язык было удобно изучать во всем мире, организаторы, исполнители и партнерские организации, осуществляющие тестирования на знание китайского языка, будут так же, как и раньше сотрудничать с международными учебными заведениями и министерствами образования разных стран, чтобы продвигать международное соответствие различных стандартов, чтобы все вышеупомянутые стандарты также были признаны «Международной ассоциацией китайского языка».

2. Сертификация экзаменов

Тест на знание китайского языка активно сотрудничает с профессиональными экзаменационными учреждениями в разных странах для проведения двусторонней сертификации теста на знание китайского языка. В 2019 году экзамен HSK и корейский экзамен на знание китайской письменности (HNK) провели двустороннюю сертификацию, количество участников, получивших сертификаты, составило 2591 человек; экзамен HSK и аттестат о среднем образовании на китайском языке в Малайзии (SPM) также прошли процедуру взаимной сертификации, пробный тест прошли 739 участников. В будущем двусторонняя сертификация китайских тестов будет проводиться в еще большем количестве стран и регионов.

Язык – это мост для общения, спрос на изучение китайского языка в разных странах остается по-прежнему высоким. Все больше и больше иностранных граждан изучают китайский язык и знакомятся с китайской культурой в процессе изучения. Эта тенденция, безусловно, будет способствовать дальнейшему росту масштабов тестирований на знание китайского языка. Под руководством идей «ориентации на обучающихся», «подчеркивания особенностей китайского языка» и «научных исследований и интеллектуальных стремлений» и практической деятельности тестирование на знание китайского языка будет отвечать потребностям в изучении китайского языка в различных странах и обеспечивать качество международного обучения китайскому языку. В будущем тестирование на знание китайского языка будут и дальше играть оценивающую и руководящую роль, будут постоянно улучшать стандарты и систему оценивания, чтобы сделать данное тестирование более научным, открытым и простым в реализации, превратить его в эффективную гарантию постоянного улучшения качества международного обучения китайскому языку.

(Авторы: Ли Пэйцзэ, Хуан Лэй, Ли Линъюй, Сяо Юань, Цзе Нини, Международный комитет HSK)

Доклад о развитии Институтов Конфуция

Институт Конфуция является созданным в рамках китайско-иностранного сотрудничества некоммерческим учебным заведением, которое стремится адаптироваться к потребностям людей из стран (регионов) всего мира в изучении китайского языка, улучшить понимание китайского языка и культуры людьми из различных стран (регионов), а также укрепить обмены и кооперацию в области образования между Китаем и другими странами мира, поощрять развитие многокультурного мира и строить гармоничное общество. На протяжении многих лет Институт Конфуция проводил обучение китайскому языку по всему миру, обучал преподавателей китайского языка и предоставлял ресурсы для обучения китайскому языку, проводил экзамены по китайскому языку и квалификационную сертификацию преподавателей китайского языка, предоставлял информационные консультации по образованию в Китае и культуре, что позволило Институту Конфуция стать признанной глобальной организацией по изучению языка. В данной статье будет рассмотрено и проанализировано развитие Институтов Конфуция в 2019 году, основой для исследования послужили статистические данные, предоставленные Центром китайско-иностранного языкового обмена и сотрудничества Министерства образования Китая.

I. Учреждение организации

1. Общие положения

Являясь некоммерческим образовательным учреждением, учрежденным Китаем за рубежом, чтобы помочь людям со всего мира изучать китайский язык и понимать китайскую культуру, Институт Конфуция – это также мост для языкового общения, культурного взаимопонимания и взаимного обучения между цивилизациями. Институт Конфуция предоставил хорошую платформу и внес должный вклад в стимулирование культурных обменов между Китаем и зарубежными странами, содействие развитию обучения китайскому языку за границей, реализацию мультикультурной интеграции и связей между людьми.

С 2004 года, когда первый Институт Конфуция открыл свои двери, прошло уже пятнадцать лет. В 2010 году общее количество Институтов Конфуция превысило три сотни, в последующие пять лет открывалось около сорока новых Институтов Конфуция каждый год. В 2015 году общее количество Институтов Конфуция

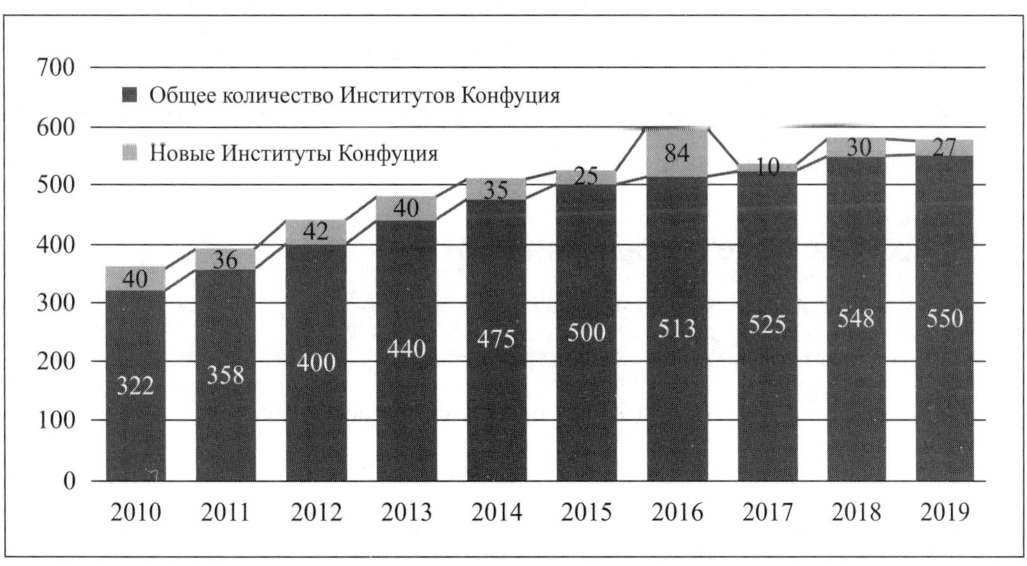

Источник данных: Китайский международный образовательный фонд

Рисунок 1 Создание Институтов Конфуция в последние 10 лет

превысило пять сотен, после чего начался стабильный период дальнейшего развития. В следующие пять лет темп создания новых Институтов Конфуция несколько замедлился, главной задачей стало поддержание высокого качества внутреннего содержания.

Многопрофильность рабочих моделей стала важной чертой развития Институтов Конфуция в последние годы. Это выражается в следующем: во-первых, многопрофильны объекты сотрудничества. В отличие от организаций, занимающихся популяризацией изучения иностранных языков в других странах, основной особенностью Институтов Конфуция является китайско-иностранное сотрудничество в управлении обучением. Объектами сотрудничества и партнерами Институтов Конфуция являются учебные заведения, правительственные, корпоративные и общественные организации. Во-вторых, многопрофильными являются сами объекты обучения. Институт Конфуция работает со студентами, учащимися школ, преподавателями, экспертами и учеными, а также выдающимися представителями различных отраслей и обычными людьми. Обучающиеся принадлежат к разным возрастным группам и полу, занимаются различной профессиональной деятельностью. Вследствие этого Институт Конфуция на практике разработал различные индивидуальные проекты, каждый из которых ориентирован на разных партнеров или обучающихся для удовлетворения их разнообразных потребностей.

2. Региональные особенности

В последние десять лет развитие Институтов Конфуция и Классов Конфуция в регионах обладает следующими характеристиками:

(1) Количество институтов Конфуция в Европе всегда было самым высоким, в то время как количество Классов Конфуция относительно средним, на данный момент оба числа показывают стремительный рост.

(2) Количество Институтов Конфуция в Америке также находится на относительно высоком уровне, примерно наравне с Европой. Количество Классов

Конфуция по сравнению с другими регионами находится на самом высоком уровне, и хотя периодически снижается, но по-прежнему занимает высокую позицию в общем количестве Институтов и Классов Конфуция.

(3) Количество институтов Конфуция в Азии находится на среднем уровне, но темпы развития высоки; несмотря на то, что количество Классов Конфуция находится на среднем и нижнем уровнях, оно также неуклонно растет.

(4) Количество Институтов Конфуция и Классов Конфуция в Африке находится на среднем и низком уровне, но в последние годы быстро растет.

(5) В Океании не так много стран, количество Институтов Конфуция и Классов Конфуция, соответственно, находится на самом низком уровне, но их развитие относительно стабильно, Классы Конфуция демонстрируют четкую тенденцию роста.

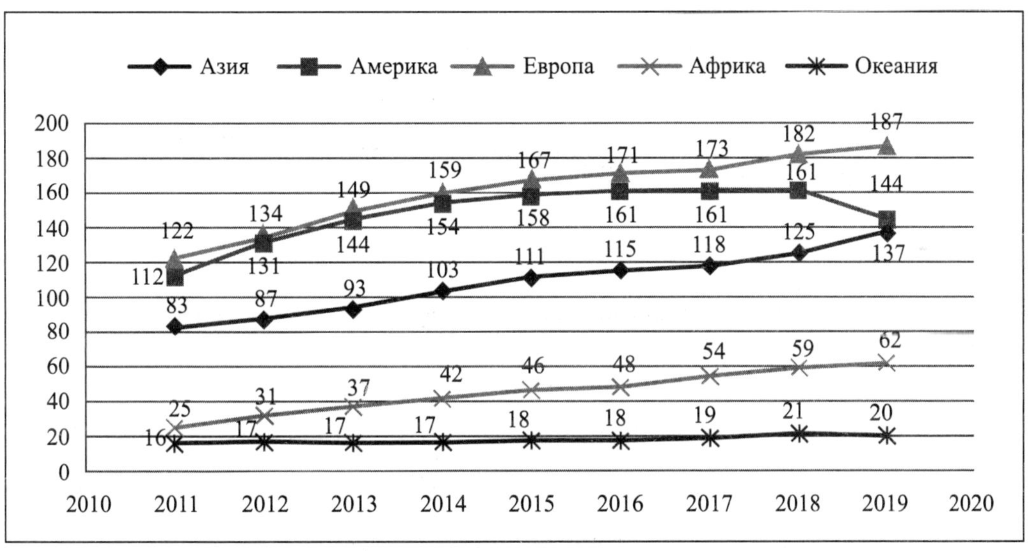

Рисунок 2 Развитие Институтов Конфуция в каждом регионе

В целом, хотя в развитии Институтов Конфуция или Классов Конфуция в Европе и Америке время от времени происходят затруднения, тем не менее местный спрос на международное обучение китайскому языку по-прежнему огромен, а сотрудничество и образовательные обмены по-прежнему являются основным направлением развития. Общее развитие Азии и Океании относительно стабильно, в соответствии с местными особыми потребностями были созданы соответствующие Институты Конфуция или Классы Конфуция. Африка и Китай поддерживают тесные связи в политической, экономической и торговой сфере, но развитие языкового и культурного обмена все еще недостаточно, это должно стать основой будущего развития Институтов Конфуция.

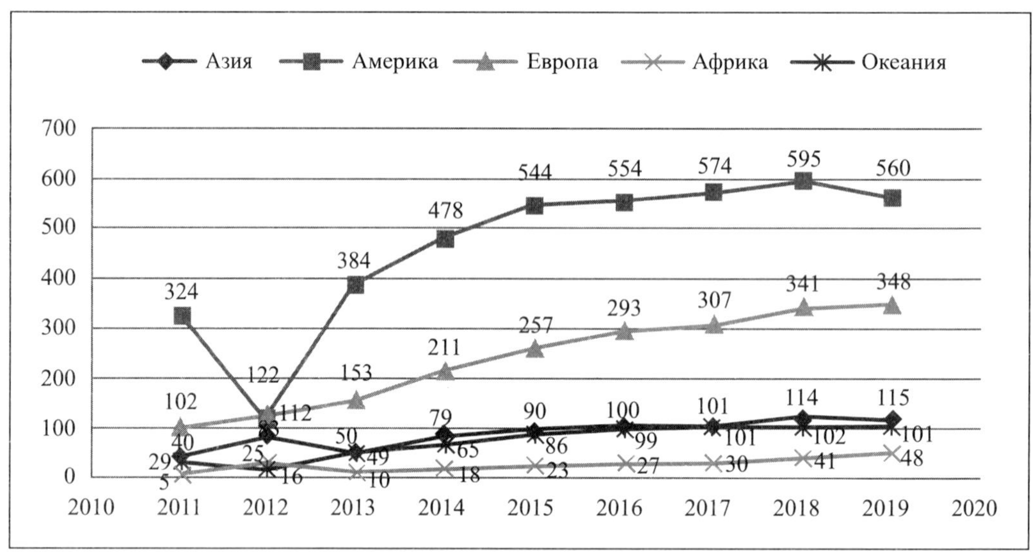

Рисунок 3 Развитие Классов Конфуция в каждом регионе

В 2019 году Институты Конфуция и Классы Конфуция распределились следующим образом: 550 Институтов Конфуция в 152 странах (регионах), из них 137 Институтов Конфуция(25%) в 37 странах (регионах) Азии, 62 Института Конфуция(11%) в 45 странах Африки, 187 Институтов Конфуция(34%) в 41 стране Европы, 144 Института Конфуция(26%) в 24 странах Америки, 20 Институтов Конфуция(4%) в 5 странах Океании. Общее количество Классов Конфуция составило 1172 заведения в 93 странах (регионах), из них 115 Классов Конфуция(10%) в 24 странах Азии, 48 Классов Конфуция(4%) в 20 странах Африки, 348 Классов Конфуция(30%) в 31 стране Европы, 560 Классов Конфуция(48%)

в 13 странах Америки, 101 Класс Конфуция(8%) в 5 странах Океании. Общее количество обучающихся во всех Институтах Конфуция составило 1 810 000 человек, однако стало в пять раз больше, чем десять лет назад. Число обучающихся онлайн составило 1 688 000 человек, увеличившись в два раза по сравнению с прошлым годом. Можно обратить внимание на то, что обучающиеся выбирают различные пути освоения китайского языка, методы обучения также чрезвычайно разнообразны. Благодаря непрерывному развитию Институт Конфуция смог намного лучше удовлетворять индивидуальные потребности в обучении различных учащихся.

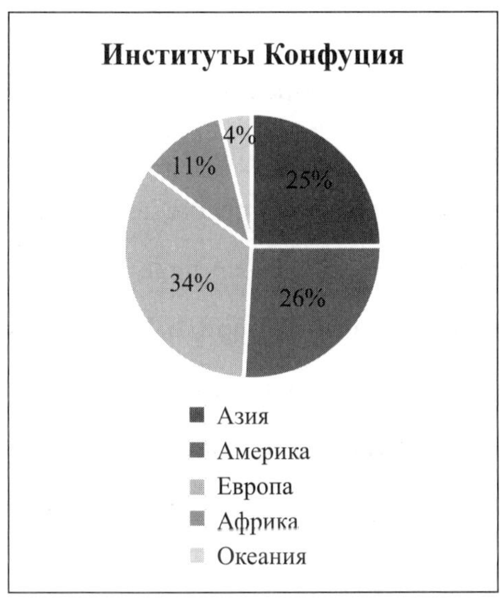

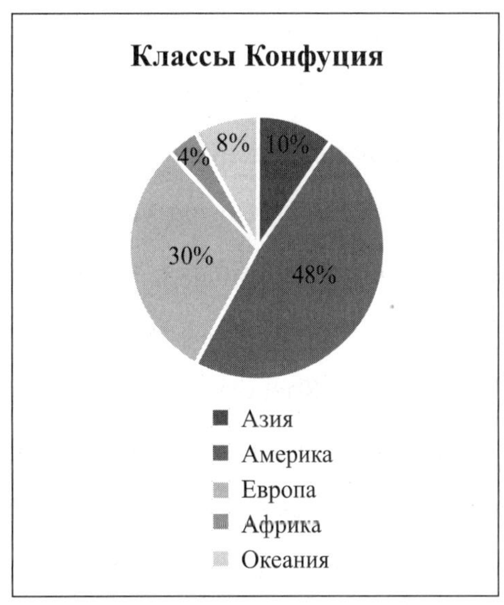

Рисунок 4 Региональное распределение Институтов и Классов Конфуция в 2019 году

Судя по статистическим данным, распространение Институтов Конфуция и Классов Конфуция в Европе и Америке по-прежнему составляет две трети от их общего распределения, в то же время развитие Институтов Конфуция и Классов Конфуция в Азии в настоящее время догоняет Америку, что свидетельствует о тенденции опережения ведущих отстающими; распространение Институтов Конфуция и Классов Конфуция в Африке также начинает набирать обороты.

С тех пор как в 2013 году Институт Конфуция начал реализацию проекта «Образцовый Институт Конфуция», в мире было учреждено 48 подобных образцовых Институтов Конфуция, 19 из которых находятся в Европе. На сегодняшний день в Великобритании создано 30 Институтов Конфуция и 165 Классов Конфуция в начальных и средних школах, что составляет 5,5% и 14,0% от общего числа Институтов Конфуция и Классов Конфуция в мире и занимает первое место в Европе и второе место в мире.

Стоит отметить, что в последние годы Институты Конфуция в Европе и Америке стали сталкиваться с трудностями развития, западные СМИ в целом стали уделять Институтам Конфуция больше внимания, что повлекло за собой увеличение случаев недопониманий. С 2014 года из-за вышеупомянутых недопониманий стало увеличиваться количество негативных отзывов. Данные недопонимания в основном связаны с предвзятым мнением по поводу намерений Института Конфуция по управлению образовательным процессом, влиянию и перспективах управления, а также с некоторыми сомнениями по поводу работы местных Институтов Конфуция. Тем не менее в Азии и Африке Институты Конфуция и Классы Конфуция развиваются достаточно успешно, обучение китайскому языку в Азии имеет долгую историю и хорошую основу, потребность в китайском языке в странах и регионах «Одного пояса, одного пути» продолжает расти, а такие специальные проекты, как «Китайский язык +», выдвигают новые требования к развитию Институтов Конфуция в странах Юго-Восточной Азии. Хотя основа обучения китайскому языку в Африке достаточно слабая, и доля африканских Институтов Конфуция в мире относительно невелика, однако в 80% африканских стран уже созданы Институты Конфуция, обладающие своими яркими отличительными характеристиками. Кроме того, призыв к включению китайского языка в национальную систему образования становится все громче и громче, тенденции развития Институтов Конфуция в Африке набирают обороты, а перспективы развития не менее широки.

II. Модели обучения

1. Основные положения программ

Чтобы удовлетворить потребности стран всего мира в унификации содержания учебных программ по китайскому языку, в 2008 году штаб-квартира Института Конфуция/Ханьбань опубликовала «Общую учебную программу для международного обучения китайскому языку» и в течение последующих пяти лет перевела ее на 45 языков, а также провела инструктаж по преподавательской работе в Институтах и Классах Конфуция, в зарубежных университетах и в средних и начальных школах. «Общая программа» представляет собой краткое изложение и описание целей и содержания курса китайского языка как иностранного, ее цель заключается в предоставлении учебным заведениям и преподавателям китайского языка справочных материалов и образцов соответствия для разработки учебных планов, оценивания языковых компетенций учащихся и составления учебников. С целью адаптироваться к новым изменениям в международных условиях преподавания китайского языка, своевременно обобщать результаты исследований в области преподавания китайского языка, а также лучше планировать и руководить разработкой учебных курсов, составлением учебников, оцениванием способностей и другими направлениями работы, в 2013 году была запущена работа по внесению поправок в «Общую программу».

Чтобы успешно и эффективно интегрировать обучение китайскому языку в национальную систему образования большего числа стран, достичь цели адаптации изучения китайского языка к местным условиям, и одновременно с этим решить серьезную проблему, заключающуюся в том, что «Общая программа» не может быть непосредственно реализована за границей, департамент Института Конфуция при Пекинском университете языка и культуры, приняв «Общую программу» в качестве основного руководства, из всех стран мира выбрал наиболее характерные и значительные страны и приступил к преподаванию китайского языка в начальных и средних школах, чтобы на их примерах разработать подходящую для конкретной страны и обладающую практической значимостью «Универсальную учебную программу и плановые курсы международного обучения китайскому языку». Через зарубежные официальные каналы образования планируется органично сочетать китайские стандарты преподавания, модели преподавания, методики обучения и зарубежное преподавание китайского языка, а также внедрять уже сложившиеся китайские стандарты обучения китайскому языку, модели преподавания, методы преподавания и учебные ресурсы в систему народного образования в других странах.

К концу 2019 года в число стран, где осуществлялся данный проект, вошли десять стран на шести континентах: Канада и США в Северной Америке, Чили в Южной Америке, Испания в Европе, Новая Зеландия в Океании, Камерун, Замбия в Африке, Таиланд и Кыргызстан в Азии. Текущие достижения по проекту включают «Программу преподавания китайского языка от детского сада до 5 класса в начальных школах США», «Программу преподавания китайского языка для 6–12 классов в средних школах США», «Программу преподавания китайского языка для 1–4 классов в средних школах Чили», «Поэтапная программа обучения китайскому языку для 3 и 4 классов в Камеруне», «Программа обучения китайскому языку в Новой Зеландии», «Программа обучения китайскому языку в средних школах Замбии» и другие.

«Проект реализации за рубежом «Общей программы международного обучения китайскому языку» строго соответствует требованиям к иностранному языку/преподаванию китайского языка в целевых странах, сохраняет научную систему и основное содержание «Общей программы», в то же время внедряет модель, которая устраивает местных жителей, принимается в начальных и средних школах, официально поддерживается государством, и наконец, войдет в зарубежные национальные системы образования в качестве подуровневого каталога, чтобы изучающие китайский язык за рубежом, а особенно учащиеся начальных и средних школ, могли более научно и систематически изучать китайский язык в своей собственной системе образования и почувствовать очарование китайской культуры.

Успешная реализация «Общей программы международного обучения китайскому языку» поможет воспитать новое поколение зарубежных знатоков китайского языка, ненавязчиво влиять на создание позитивного образа Китая, расширить влияние Китая за рубежом.

2. Институт Конфуция онлайн

Институт Конфуция онлайн (www.chinesecio.com) — это система удаленного онлайн-обучения китайскому языку, созданная штаб-квартирой Института Конфуция в 2008 году с целью в полной мере использовать новые модели обучения и новые технологии, такие, как интернет, большие данные и искусственный интеллект, осуществлять дистанционное обучение китайскому языку, создать платформу онлайн-обучения для изучающих китайский язык со всего мира, предоставить как можно больше культурных ресурсов любителям китайской культуры. Институт Конфуция онлайн в настоящее время предлагает 143 курса и более 5500 массовых открытых онлайн-курсов и мини-курсов в 8 различных категориях, включая изучение китайского языка, тесты по китайскому языку, общее современное положение Китая, традиционную культуру, подготовку учителей, профессиональный китайский язык и лекции экспертов. На платформе представлены групповые занятия, уроки в прямом эфире, интерактивные занятия, инструменты для тренировки языковых навыков, все это складывается в общую систему обслуживания, которая предоставляет многоуровневые возможности для процессов преподавания, обучения, проверки, подготовки, что позволяет удовлетворить потребности изучающих китайский язык во всем мире в обучении в любое время и в любом месте.

К концу 2019 года в Институте Конфуция онлайн было зарегистрировано 1,688 миллиона студентов, отмечено 12,02 миллиона посещений, более 4000 учителей, более 300 000 онлайн-курсов и более 7000 учебных пособий. Такие сайты, как «900 предложений на китайском языке», также доступны на 19 языках, включая английский, французский, русский, испанский, корейский, японский, арабский, бирманский и другие, что обеспечивает удобство использования веб-сайта изучающими китайский язык в других странах.

3. «Китайский язык +»

В последние годы в связи с увеличением разнообразия потребностей в специалистах по китайскому языку в разных странах, цели обучения китайскому языку, содержание обучения и методы обучения Институтов Конфуция также начали меняться. Все больше и больше стран нуждаются в междисциплинарных «китайских» кадрах в области технологий, бизнеса и торговли и других. Институт Конфуция, двигаясь в ногу со временем, вовремя запустил серию специальных проектов «Китайский язык +», чтобы помочь обучению междисциплинарных кадров со знанием китайского языка в разных странах.

Например, Институт Конфуция Университета иностранных языков Кансай в Японии открыл курс «Китайский язык для бортпроводников», который начался в 2017 году, он предназначен для студентов, обучающихся в Университете иностранных языков Кансай, которые прошли тест на знание китайского языка (HSK) уровня 4 или выше и в будущем намерены работать в авиационной сфере. Пробный курс был рассчитан на 30 мест в семестр, как только был дан старт курсу, все места сразу же были заняты. По состоянию на осенний семестр 2019 года курс «Китайский язык для бортпроводников» проводится уже в течение трех лет (шести семестров) подряд, за это время количество групп увеличилось до двух, на данный момент в курсе участвуют более 180 студентов. В то же время Институт Конфуция уделяет особое внимание теме устройства на работу, тесно связывает обучение китайскому языку и дальнейшее трудоустройство, последовательно добавляя специальные курсы китайского языка, такие как деловой китайский, медицинский китайский, глобальные исследования по планированию профессиональной деятельности и другие.

На международной конференции по обучению китайскому языку в 2019 году также впервые был организован форум «Китайский язык + профессиональные навыки», на который были приглашены представители китайских и иностранных предприятий и эксперты в области образования для обсуждения возможностей совместного осуществления трудоустройства и предпринимательской деятельности. Участники выразили свое мнение и провели оживленное обсуждение таких тем, как устойчивое развитие проекта «Китайский язык +» и других, которое завершилось очевидным успехом. В настоящее время более ста Институтов Конфуция в более чем сорока странах мира предлагают курсы «Китайский язык +», охватывающие десятки областей, таких как высокоскоростные железные дороги, экономика, торговля, авиация и другие. В будущем проект «Китайский язык +», благодаря постоянным инновациям и развитию, предоставит еще больше возможностей профессионального образования в Китае для студентов со всего мира.

III. Многоязычные периодические издания

Многоязычный журнал «Института Конфуция» представляет собой серию публикаций, спонсируемых штаб-квартирой Института Конфуция/Ханьбань. В марте 2009 года впервые была опубликована китайско-английская версия журнала «Института Конфуция». Чтобы еще больше разнообразить содержание журнала, расширить перспективы международного сотрудничества и удовлетворить разнообразные потребности стран всего мира в изучении китайского языка и понимании китайской культуры, с 2010 года журнал «Институт Конфуция» вместе с китайским изданием выпускается еще на 10 иностранных языках, включая испанский, французский, русский, арабский, немецкий, португальский, итальянский, японский, корейский и тайский языки. По состоянию на конец 2019 года каждый выпуск «Института Конфуция» на разных языках был издан тиражом около 200 000 экземпляров по всему миру, что в семь раз превышает количество его первых тиражей. На данный момент журнал публикуется в более чем 160 странах и регионах, это на 20 стран больше, чем в 2018 году и на 40 стран больше по сравнению с 2014 годом. Количество читателей журнала «Институт Конфуция» уже превысило один миллион человек. «Институт Конфуция» также принимал участие во многих крупных международных выставках, таких как Франкфуртская книжная ярмарка, Парижская языковая выставка, Международный языковой фестиваль в Марокко, где получил одобрение и признание местных жителей.

Журнал «Институт Конфуция» в основном знакомит читателей с китайской культурой, рассказывает о деятельности Института Конфуция, преподавании и изучении китайского языка, а также рассказывает истории о культурном обмене между Китаем и зарубежными странами. Как единственное периодическое издание, выпускающее независимые номера на нескольких языках и осуществляющее редактирование, публикацию и распространение на территории Китая, журнал «Институт Конфуция» является уникальным среди «выходящих за границу» журналов, он уже стал яркой визитной карточкой для межкультурной коммуникации и живым примером того, как люди во всех странах изучают китайский язык и постигают китайскую культуру. В 2016 году Китайская ассоциация периодических изданий и редакция ежегодника «China periodical yearbook» включили его в список «100 самых красивых периодических изданий». В 2017 году 11 двуязычных журналов были представлены на Франкфуртской книжной ярмарке вместе с журналом «Китай», впервые учрежденным Государственным управлением печати, публикаций, радио, кино и телевидения, и получили теплые отзывы и положительные отзывы. «Институт Конфуция» активно публикует бумажные версии журнала и исследует пути «выхода за пределы Китая», вместе с этим он также активно исследует интеграцию и трансформацию медиа, практикует интерактивный режим работы «Интернет+» онлайн и оффлайн, уже созданы интегрированные между собой веб-сайт журнала, публичный аккаунт журнала в приложении WeChat и собственное приложение журнала, а также достигнуты цели и планы «один выпуск, мультиплатформенный показ», «бумажные СМИ как тело, веб-сайт и новые медиа как два крыла».

В 2019 году Институт Конфуция по-прежнему сохраняет хорошую и стабильную тенденцию развития. Сфокусировавшись на основном виде деятельности, а именно, на международном обучении китайскому языку, Институт Конфуция увеличивает количество и разнообразие методов управления обучением, моделей обучения. В настоящее время Институт Конфуция находится в ключевом периоде развития внутреннего содержания, глубокой интеграции и продвижения собственного бренда. В будущем он сосредоточится на основном направлении деятельности – языке, будет активно интегрироваться в местную среду и способствовать укреплению образовательных свойств. В то же время Институту Конфуция удастся повысить качество и эффективность за счет расширения финансовых каналов и ресурсов, а также за счет механизмов продвижения и реформирования. Благодаря программам политической поддержки и общей координации продолжается всесторонняя поддержка модернизации, преобразований и развития Института Конфуция. Благодаря созданию международного частного фонда и китайско-иностранного центра языковой коммуникации Институт Конфуция будет развиваться как мировой образовательный бренд в области общественного благосостояния, а также продолжит развивать свое внутреннее содержание, трансформацию и модернизацию.

В будущем развитие Института Конфуция станет полезным дополнением к совершенствованию международной системы образования, включающей ступени бакалавриата, магистратуры и докторантуры, будет поддерживать китайские университеты в создании направлений по подготовке международных преподавателей китайского языка, работать с соответствующими ведомствами для изучения и разработки политики по улучшению обращения с преподавателями китайского языка и добровольцами, окажет поддержку китайским и иностранным специалистам в совместной реализации проектов по выпуску высококачественных учебников, улучшению и уточнению ряда стандартов по владению китайским языком, улучшению квалификационных стандартов для иностранных преподавателей китайского языка, будет продолжать поддерживать и поощрять активное участие различных учебных заведений, предприятий, общественных организаций и отдельных лиц в Китае и во всем мире, а особенно поддерживать и поощрять китайские и иностранные школы и университеты к более активному участию в строительстве Институтов Конфуция и международному обучению китайскому языку через фонды соучредителей и другие средства, чтобы Институт Конфуция смог сыграть полноценную роль в процессе управления международным обучением.

(Автор: Чэнь Лися, Пекинский университет языка и культуры)

III Региональные доклады

Доклад о развитии международного обучения китайскому языку в Азии

I. Общая обстановка

Международное обучение китайскому языку в Азии в 2019 году можно охарактеризовать двумя ключевыми словами: «популярное» и «новое». «Популярный» говорит о том, что спрос на изучение китайского языка продолжает расти, а «новый» говорит о том, что международное обучение китайскому языку создало целый ряд инноваций для улучшения качества и эффективности образовательного процесса. Наглядно это выражается в следующем:

1. Увеличение количества стран, в которых китайский язык включен в национальную систему образования

По состоянию на конец 2019 года 69 стран и регионов по всему миру путем принятия соответствующей законодательной политики включили китайский язык в свои национальные системы образования в качестве важной составляющей. Некоторые страны включили китайский язык в перечень вступительных экзаменов в высшие учебные заведения, а в некоторых странах китайский язык стал неотъемлемой частью системы образования начиная с дошкольного обучения и заканчивая получением высшего образования. Включение в национальную систему образования демонстрирует международный статус китайского языка, поэтому на повестке дня стоит вопрос о повышении стандартов системы обучения китайскому языку.

Вслед за Японией, Южной Кореей, Филиппинами, Таиландом, Малайзией, Сингапуром и другими странами в 2019 году Саудовская Аравия, ОАЭ, Грузия и другие страны впервые объявили о включении китайского языка в свою национальную систему образования. 23 февраля Саудовская Аравия объявила, что включит китайский язык в учебную программу всех ступеней образования в королевстве, чтобы сделать образование в стране более разнообразным. ОАЭ объявили, что с сентября 2019 года около 60 государственных образовательных учреждений в стране, от детского сада до старшей школы, официально запустят курсы по обучению китайскому языку. Вместе с этим министерство образования ОАЭ в 2019–2020 годах планирует принять на работу 150 китайских учителей и начать преподавание китайского языка в 200 государственных учебных заведениях. В начале 2019 года Китай и Грузия подписали в Тбилиси «Меморандум о сотрудничестве по продвижению обучения китайскому языку», официально задокументировав, что преподавание китайского языка будет включено в национальную систему образования Грузии.

2. Активное создание Институтов и Классов Конфуция

Институты Конфуция продолжают расширять собственную географию, в странах, расположенных на территориях «Одного пояса, одного пути» активно создаются новые Институты Конфуция. По состоянию на 2019 год в 37 странах Азии было создано 137 Институтов Конфуция, в 24 странах — 115 Классов Конфуция.

В 2019 году было создано в общей сложности 27 Институтов Конфуция и 66 Классов Конфуция, в том числе четыре из них в Азии, а именно Центр китайского языка Пхеньянского университета иностранных языков в Северной Корее, Центр китайского языка института Велаа на Мальдивах, Институт Конфуция при университете Джидды в Саудовской Аравии, Класс Конфуция бизнес-школы Восточного Тимора в Восточном Тиморе. На Международной конференции по обучению китайскому языку, состоявшейся в декабре 2019 года, Индонезия, Филиппины, Грузия, Саудовская Аравия, Мальдивы, Восточный Тимор и другие страны провели церемонию подписания соглашения о создании новых Институтов Конфуция и Классов Конфуция.

3. Рост числа изучающих китайский язык

В 2019 году ВВП Китая достиг 98,7 трлн, что сделало его второй по величине экономикой в мире. Быстрое экономическое развитие и стабильное повышение общей национальной мощи привели к тому, что зарубежный спрос на кадры со знанием китайского языка продолжает расти. В то же время в Азии все больше стран участвуют в строительстве экономического региона «Одного пояса, одного пути», что еще больше способствует развитию международного обучения китайскому языку.

В 2019 году спрос на изучение китайского языка среди потребителей продолжал расти, в итоге число обучающихся достигло новых высот: число изучающих китайский язык во всем мире превысило 150 миллионов человек. Число изучающих китайский язык в Малайзии превысило 600 000 человек, в 2019 году число зарегистрированных студентов только лишь в Институте Конфуция при Университете Малайи достигло 12 000 человек, кроме того, количество обучающихся в Таиланде превысило 1 миллион человек, в Японии — 2 миллиона человек, в Южной Корее — 10 миллионов человек, по количеству изучающих китайский язык Южная Корея теперь занимает первое место в мире.

Всех изучающих китайский язык объединяет несколько отличительных черт: (1) трансформация от личного интереса в стремление к личностному росту, желание с помощью китайского языка повысить свою конкурентоспособность на рабочем месте, таких потребителей все больше. (2) Спрос на «Китайский язык +» становится все более заметным, особенно спрос на «Китайский язык + профессиональные навыки», который растет в геометрической прогрессии, что показывает, что развитие междисциплинарных кадров проекта «Китайский язык

+», а особенно кадров, принимающих участие в программах «Китайский язык + профессиональные навыки» — это реальная потребность стран Азии. (3) Возраст обучающихся, как правило, снижается, все больше и больше учеников начальных и средних школ и даже детских садов начинают изучать китайский язык. (4) Количество онлайн-обучающихся увеличивается, растет интерес к инновационным образовательным продуктам для изучения китайского языка.

4. Очевидное расширение китайских учебных заведений, усложнение моделей управления образовательным процессом

Популярность китайского языка сильно повлияла на образовательный рынок. В таких странах, как Южная Корея и Таиланд, обучение китайскому языку расширилось от университетов до начальных и средних школ и даже до детских садов, а необходимость в дифференцированном обучении по уровням и возрастным группам становится все более очевидной. Среди образовательных учреждений, предлагающих курсы китайского языка, университеты, средние и начальные школы, профессиональные колледжи и общественные школы производственной подготовки. Быстро растет не только потребность в учебных материалах по китайскому языку, но и спрос на специализированное и персонализированное обучение, такое как программы «Китайский язык + специальность», «Китайский язык + профессиональные навыки» и другие. Методы обучения китайскому языку включают очное обучение, индивидуальное обучение, онлайн-обучение другие, некоторые занятия проводятся в течение дня, а некоторые — в вечерних школах. Постоянное увеличение числа учащихся привело к тому, что учебным заведениям пришлось расширить масштабы набора учеников, также было создано множество новых образовательных учреждений.

Вариативность потребностей в обучении привела к тому, что модели организации обучения стали более разнообразными, некоторые учебные заведения используют различные модели обучения, такие как совместная организация обучения, целевое обучение и другие, чтобы предоставить учащимся лучшие возможности для развития. В 2019 году особенно быстро стала развиваться программа «Китайский язык + профессиональные навыки», например, Институт Конфуция при Университете Катманду в Непале с марта по май провел учебный курс «Китайский язык + ремонт автомобилей», Институт Конфуция при Тегеранском университете в Иране запустил курс профессионального обучения «Китайский язык +». Институт Конфуция при Университете Малайи в Малайзии, в разное время сотрудничал с малазийским банком Maybank, государственной нефтегазовой компанией Малайзии Petronas, Министерством внутренних дел Малайзии, Королевской полицейской службой, департаментом иммиграции и другими организациями, вместе с чем запустил серию специализированных курсов по китайскому языку: «Китайский язык + полицейская служба», «Китайский язык + юриспруденция» и «Китайский язык + бизнес и торговля», «Китайский язык в таможенном деле» и другие. 14 ноября 2019 года в сотрудничестве с компанией Чжунсин, которая занимается менеджментом в образовательной сфере, были созданы профессиональные курсы китайского языка с уклоном в такие необходимые для общества направления, как корреспонденция, интернет вещей, большие данные и другие. Совместная подготовка кадров по программам «Китайский язык + профессиональные навыки» в профессионально-технических училищах Таиланда и китайских профессионально-технических училищах пользуется все большей поддержкой учащихся, правительство также надеется совместить обучение профессиональным навыкам с прохождением итоговой аттестации.

5. Значительное улучшение качества и эффективности обучения

Поскольку число обучающихся неуклонно растет, в 2019 году необходимо придать особенное значение повышению качества преподавания и совершенствованию общепринятой системы обучения китайскому языку.

С самого начала становления системы международного обучения китайскому языку учителя, учебные материалы и методы обучения находились в стадии постоянного исследования и разработки, целью приезжающих в Китай студентов всегда было обучение в стране изучаемого языка. Благодаря некоторой общности азиатских культур и глобализации, которая ускорила культурные обмены и увеличила их количество, спустя десять лет проблема учителей, учебных материалов и методов обучения в Китае была решена. Тем не менее за рубежом, особенно в странах с большим количеством изучающих китайский язык, три данных вопроса по-прежнему актуальны, ситуация в целом все еще находится в состоянии развития.

Что касается учителей, то для зарубежных стран по-прежнему существует два варианта решения проблемы: приглашение кадров из Китая или локальное обучение. Подготовка профессиональных и умеющих адаптироваться к местным условиям преподавателей – это направление подготовки учителей в 2019 году и в будущем. В 2019 году только Канцелярия Международного Совета китайского языка/Ханьбань опубликовала 5885 новых волонтерских должностей. Многие китайские университеты провели курсы подготовки для преподавателей-волонтеров. Например, в конце 2018 года Пекинский университет языка и культуры провел предварительную подготовку преподавателей-волонтеров из штаб-квартиры Института Конфуция/Ханьбань для работы в Южной Корее в 2019 году. В обучении приняли участие 307 добровольцев из 94 колледжей и университетов в 27 провинциях страны, впоследствии они были отправлены в Корею с целью преподавания китайского языка. 21 марта 2019 года Хайнаньский педагогический университет провел курсы повышения квалификации для 100 преподавателей-волонтеров из штаб-квартиры Института Конфуция/Ханьбаня, преподающих китайский язык в Таиланде. В 2019 году некоторые страны также сфокусировались на подготовке местных учителей китайского языка, например, Университет Малайи в Малайзии учредил магистерскую программу «Преподавание китайского языка как иностранного», в создании программы принимали участие аспиранты, институт языков, образовательный колледж Малайского университета, Институт Конфуция и Пекинский университет иностранных языков, чтобы обучить местных учителей китайского языка, в которых Малайзия испытывает острую необходимость. В декабре 2019 года более 50 учителей китайского языка из Непала приехали в Пекинский международный институт китайского языка, чтобы принять участие в «семинаре по обучению непальских преподавателей китайского языка». Конечно, в целом, хотя количество преподавателей в некоторой степени растет, а учителей китайского языка во всем мире уже почти пять миллионов, тем не менее, какие бы методы ни принимались, спрос на учителей в разных странах все еще меньше предложения.

Что касается учебных материалов, традиционные учебные материалы продолжают показывать эффективность, а адаптированные учебные материалы и проект «Китайский язык +» стали объектом пристального интереса в сфере создания учебных материалов. Под руководством идей разработки стандартизированных, адаптированных и диверсифицированных учебных материалов по китайскому языку был достигнут заметный прогресс в разработке стандартизированных учебных материалов, применимых к обучению китайскому языку за границей, а также в совместных исследованиях и разработке локализованных учебных материалов между Китаем и иностранными государствами. После того, как ОАЭ включили китайский язык в свою национальную систему образования в 2019 году, использовался учебник, составленный совместно Министерством образования ОАЭ и Канцелярией Международного Совета китайского языка Ханьбань. ОАЭ продолжают сотрудничество с Ханьбань с целью продолжить разработку учебных материалов по китайской культуре, которые смогут помочь студентам ОАЭ лучше понять все особенности китайского общества.

С точки зрения моделей и методов обучения, офлайн-обучение по-прежнему является основной моделью обучения, однако новые технологии активно стимулируют развитие онлайн-обучения, в результате чего появляется гибридная модель онлайн-офлайн обучения, создание онлайн-ресурсов в настоящее время уже также не терпит отлагательства. Учителя все более осознанно используют в своем обучении различные модели и методы обучения, соответствующие культуре и объектам обучения принимающей страны. Обучение, основанное на выполнении коммуникативных задач, методика сюжетного преподавания, ситуативное обучение, игровое обучение, экспериментальное обучение и другие методы стали действительно популярны и эффективны.

6. Количество участников экзамена HSK обновляет рекорды

В Азии число участников экзамена HSK достигло нового максимума: 12 января в Шри-Ланке Институт Конфуция при Университете Келанья провел первый в 2019 году экзамен HSK и HSKK, в котором приняли участие 102 обучающихся; 11 мая Класс Конфуция «Фусин» в Мьянме также организовал первый экзамен HSK в 2019 году, в нем приняли участие 1058 обучающихся; в Таиланде первый экзамен HSK в 2019 году проводился в средней школе Гуан города Сукхотхай, в данной школе и школе Сапсати в Кампхэнгпхете на экзамен было зарегистрировано 506 учеников, это наибольшее количество учеников, сдававших экзамен в этом календарном году; 24 февраля Институт Конфуция в Университете Раджабхат в Бансомдейчаопрайе проводил вторые в году экзамены HSK, HSK и YCT, общее количество участников составило 1420 человек; в 2019 году в Институте Конфуция на Пхукете экзамен HSK в общей сложности сдали 12 327 человек, это наибольшее количество экзаменуемых среди всех Институтов Конфуция в Таиланде. Во Вьетнаме в первом экзамене HSK, организованном Институтом Конфуция при Ханойском университете в январе 2020 года, приняли участие 1250 человек. В Японии 34 108 обучающихся сдавали экзамен HSK в 2018 году, и популярность не ослабевала в 2019 году. Например, на второй экзамен HSK в 2019 году, проведенный Институтом Конфуция при университете иностранных языков Кансай в Японии 13 июля, записались 884 человека, в итоге 867 из них приняли участие в экзамене, что свидетельствует о том, что соответствие зарегистрированных участников и тех, кто реально принимает участие в экзамене, достигло рекордно высокого уровня.

II. Современные условия обучения китайскому языку в других странах – Таиланд и Южная Корея

1. Международное обучение китайскому языку в Таиланде

Китайский язык был включен в тайскую национальную систему образования ранее, а на данный момент уже стал вторым по популярности иностранным языком в Таиланде. Всего в Таиланде 16 Институтов Конфуция и 20 Классов Конфуция, в которых работают более 17 000 китайских преподавателей-волонтеров, преподающих более чем в 1000 университетах, начальных и средних школах в 73 провинциях Таиланда. В 2019 обучение китайскому языку в Таиланде развивается быстрыми темпами: уже насчитывается 3500 курсов китайского языка, 6500 местных и иностранных учителей китайского языка и 890 000 изучающих китайский язык в образовательных учреждениях.

Международное обучение китайскому языку в Таиланде в 2019 году имеет следующие характерные особенности:

(1) Растет спрос на «Китайский язык + профессиональные навыки»

Строительство «Одного пояса, одного пути», план экономического коридора Таиланда и строящаяся высокоскоростная железная дорога между Китаем и Таиландом расширили каналы трудоустройства для молодых людей в Таиланде. Все больше и больше молодежи, а в особенности учащиеся профессионально-технических училищ, предпочитают одновременно изучать как профессиональные дисциплины, так и китайский язык, что также сделало программы «Китайский язык + профессиональные навыки» еще более популярными на рынке образования. Чтобы удовлетворить рыночный спрос, комитет профессионального образования Таиланда отредактировал местный учебник «Общение на китайском языке». Кроме того, Китай и Таиланд совместно провели соответствующие курсы по повышению квалификации, например, в августе 2019 года 69 тайских студентов Тяньцзиньского педагогического университета приняли участие и успешно завершили обучение по «Программе профессионального обучения тайских студентов по стипендии муниципального правительства Тяньцзиня» в рамках программы подготовки «Профессиональное образование в Таиланде для изучающих китайский язык».

(2) Количество специалистов по китайскому языку достигло нового максимума

Экзамен HSK уже стал определенным брендом в Таиланде, количество сдающих экзамен HSK постоянно обновляет рекорды и уже превысило 100 000 человек. 27 апреля 2019 года в Бангкоке состоялась рабочая конференция по экзаменам HSK, в которой приняли участие более пятидесяти директоров и сотрудников, ответственных за проведение экзаменов из 23 Институтов и Классов Конфуция и тестовых центров Таиланда. В 2019 году количество экзаменуемых в Институте Конфуция на Пхукете впервые превысило 10 000 человек, достигнув 10 185. В 2019 году Институт Конфуция в Чиангмае организовал 92 экзамена HSK в 23 тестовых центрах, в которых приняли участие 10 059 человек, из них рекордное количество участников занимаются в Классе Конфуция при данном Институте Конфуция, а именно 2021 человек. Институт Конфуция в основном проводит три типа экзаменов: HSK, YCT и HSKK, возраст экзаменуемых варьируется от детей до пожилых людей.

(3) Создание преподавательского состава привлекает беспрецедентное внимание

С одной стороны, Китай отправляет преподавателей-волонтеров, по состоянию на 2019 год Китай направил в Таиланд в общей сложности 17 169 китайских учителей-волонтеров, которые ведут преподавательскую деятельность в 73 университетах, средних и начальных школах.

С другой стороны, подготовка преподавателей китайского языка в Таиланде была дополнительно усилена за счет обучения и подготовки тайских учителей на курсах повышения квалификации в Китае, а также обучающих проектов для преподавателей китайского языка внутри Таиланда. В апреле 2019 года в Тяньцзиньском педагогическом университете прошли курсы повышения квалификации местных преподавателей китайского языка городского управления образования Бангкока, в которой приняли участие около 20 местных преподавателей китайского языка из Таиланда. В том же месяце 18 преподавателей Северного сельскохозяйственного колледжа профессионального образования Таиланда прибыли в Институт энергетики Шэньси для участия в недельном курсе обучения китайскому языку и культуре. С 18 по 19 января 2019 года Институт Конфуция при Успенском университете в Таиланде провел курс обучения для местных преподавателей китайского языка, в котором приняли участие 53 местных учителя из 41 учебного заведения. С 25 марта по 3 апреля 2019 года Комитет профессионального образования Министерства образования Таиланда организовал курс обучения китайскому языку для преподавателей Комитета профессионального образования Таиланда. В обучении приняли участие 74 преподавателя комитета из 44 провинций Таиланда. С 12 по 13 декабря 2019 года Институт Конфуция при Университете Чиангмая в Таиланде провел «Подготовку местных преподавателей китайского языка в Северном Таиланде и международный семинар по обучению китайскому языку в Юго-Восточной Азии», в котором приняли участие около 100 человек из десяти провинций Северного Таиланда и Бангкока.

2. Международное обучение китайскому языку в Южной Корее

В связи с тесными торгово-экономическими связями между Китаем и Южной Кореей все больше и больше южнокорейских компаний при приеме кандидатов на работу придают значение владению китайским языком, изучение китайского языка в Южной Корее становится все более и более популярным. Согласно неполным статистическим данным, более 10,6 млн из 50 млн населения Южной Кореи изучают китайский язык и письменность, таким образом по количеству обучающихся Южная Корея занимает первое место в мире. В 2019 году в Южной Корее насчитывалось 23 Института Конфуция и 5 Классов Конфуция. По данным статистической службы Кореи, в 2019 году количество изучающих китайский язык различными способами увеличилось на 16,2% по сравнению с 2018 годом. В 2018 году общий объем рынка обучения китайскому языку в Южной Корее превысил 700 миллиардов корейских вон или около 4 миллиардов юаней.

В 2019 году китайское образование в Южной Корее по-прежнему сосредоточено на изучении китайского языка и китайского языка в профессиональных сферах. Особенно стоит отметить, что Южная Корея придает большое значение локализации китайских учебников, для корейских обучающихся составлено и опубликовано множество китайских учебных материалов. Сейчас количество китайских адаптированных учебников составляет примерно половину всех учебных материалов в стране, объем продаж учебников китайского языка увеличивается из года в год, количество разновидностей уже превысило 180 видов. Тем не менее, корейские обучающиеся предпочитают местные учебники китайского языка, самым продаваемым учебником китайского языка в 2019 году по-прежнему остается ускоренный курс разговорного китайского языка «Изысканный китайский», составленный Китайским институтом JRC в Южной Корее.

Кроме того, количество сдающих тест HSK в Южной Корее постоянно обновляет исторические максимумы, особенно в последние несколько лет количество сдающих экзамен HSK увеличивается со скоростью около 200 человек в год. В 2019 году количество экзаменуемых превысило 100 000 человек, что вывело Южную Корею на первое место в мире по данному показателю.

III. Направление развития

В 2019 году в Азии продолжается «бум изучения китайского языка», международное обучение китайскому языку достигло обнадеживающих результатов как с точки зрения политических установок, так и преподавания, обучения и экзаменов. Что касается перспектив и направления развития в будущем, то мы выделяем следующие аспекты:

1. Число стран, включающих китайский язык в национальную систему образования, будет продолжать расти.

2. Спрос на китайский язык в азиатских странах более разнообразен, и это разнообразие является чрезвычайно заметным. Эпоха «Китайский язык +» уже

началась и широко развернулась, особенно в странах «Одного пояса, одного пути» спрос на специалистов, обученных по программам «Китайский язык + профессиональные навыки» будет неуклонно расти.

3. Вопрос подготовки преподавательских кадров и далее будет включать в себя два аспекта: с одной стороны, это кадры, которые Китай отправляет в зарубежные страны, с другой стороны, это местные учителя, проходящие подготовку в своих странах.

4. Хотя культурные различия между странами в Азии меньше, чем на Западе, но национализация и локализация учебников по-прежнему являются важным направлением в международном обучении китайскому языку, а совместная компиляция китайских и иностранных материалов – это оптимальное решение.

5. С наступлением эпохи интеллектуализации интернет-технологии и модели обучения становятся все более гибкими и разнообразными. Оффлайн-обучение, онлайн-обучение, а также гибридная модель обучения станут нормализованными учебными моделями, поэтому в совершенствовании нуждается систематизация образовательных стандартов и другие аспекты.

(Автор: Го Фэнлань, Пекинский университет языка и культуры)

Доклад о включении китайского языка в национальную систему образования Европы —Великобритания

Великобритания была одной из первых западноевропейских стран, включивших китайский язык в свою национальную систему образования. Британская система образования включает в себя Англию, Шотландию, Уэльс и Северную Ирландию. Хотя в двух последних регионах преподавание китайского языка проводится и в начальных, и в средних школах, однако их количество невелико, также в школах нет отдельного экзамена по китайскому языку, поэтому данный доклад охватывает только два региона Великобритании: Англию и Шотландию.

Включение китайского языка в национальную британскую систему образования можно условно разделить на три этапа. Первый этап – это включение с политической точки зрения, это подразумевает признание китайского языка национальной системой образования, а также законодательное включение в систему образования преподавания данной дисциплины и аттестационных испытаний. Второй этап – это включение в общий каркас, то есть всестороннее построение системы обучения китайскому языку, включая разработку общих образовательных программ и учебных пособий, подготовку преподавательских кадров, обучение китайскому языку должно занять место равнозначное другим иностранным языкам. Третий этап – это глубокая интеграция, подразумевающая масштабное развитие преподавания китайского языка, вхождение в число лучших в Великобритании программ обучения иностранным языкам с точки зрения количества исследований, проводимых экзаменов и достигнутых результатов.

I. Политика относительно иностранных языков и обучение китайскому языку

Хотя китайский язык уже довольно долгое время является постоянным предметом изучения в британских младших, средних и старших школах, однако долгое время он существовал лишь в форме языка местной китайской общины, весьма небольшое количество общеобразовательных школ открывают курсы китайского языка. Обучающиеся и интересующиеся – это в основном дети этнических китайцев, живущих в Великобритании, большинство из них по выходным посещают занятия в китайских общинных школах. В 2002 году правительство Англии издало «Общенародную стратегию жизни на иностранном языке в Англии», было принято решение обеспечить обучение иностранным языкам начиная с начальной школы, отменить требование сдавать иностранный язык как один из обязательных выпускных экзаменов в средней школе (в 16 лет), расширить количество изучаемых иностранных языков (ранее список ограничивался только европейскими языками, теперь в него входит китайский язык), выбор конкретных языков к изучению оставить за учебным заведением (в английских начальных и средних школах изучается 17 языков, в шотландских – 9). «Учебная программа Англии», принятая в 2014 году, четко предусматривает, что из четырех ступеней базового образования школы обязаны предоставлять обучение иностранным языкам только на второй ступени (в возрасте от 7 до 11 лет) и на третьей ступени (в возрасте от 11 до 14 лет). Именно в рамках вышеописанной политики обучение китайскому языку постепенно развивалось и глубоко интегрировалось в британскую национальную систему образования. В этот период постоянно укреплялись обмены и сотрудничество между китайским и британским правительствами, в особенности постоянные обмены и сотрудничество в области языкового обучения сыграли главную движущую роль.

Большая часть развития китайского образования в британских государственных начальных школах связана с Классами Конфуция, однако в последние годы темп их развития замедлился. Согласно «Исследовательскому отчету о тенденциях иностранных языков в Англии» за 2019 год, в подавляющем большинстве начальных школ по-прежнему преподаются европейские языки, такие как французский, и лишь менее 3% начальных школ предлагают обучение китайскому языку, такая ситуация сохраняется уже в течение нескольких лет. В частной двуязычной начальной школе в Лондоне, которая была открыта в 2017 году и считается весьма премиальной, количество изучающих китайский язык за последние два года увеличилось с десяти с небольшим учеников до нескольких десятков в 2019 году, что свидетельствует об определенном рыночном спросе и потенциале.

Обучение китайскому языку в британских средних школах развивается довольно быстро. В 2016 году около 40% частных средних школ и 13% государственных средних школ учредили курсы китайского языка. В том же году Министерство образования Великобритании инвестировало 10 миллионов фунтов стерлингов в создание пятилетней «Программы совершенствования китайского языка» (Mandarin Excellence Programme), которая в последние годы сыграла большую роль в продвижении обучения китайскому языку в государственных школах. Тем не менее, развитие обучения китайскому языку в общеобразовательных школах в 2019 году, можно сказать, вызывает смешанные чувства. Радость вызывает то, что количество школ, предлагающих среди изучаемых дисциплин китайский язык, и количество изучающих китайский язык увеличились. Количество школ, участвующих в вышеупомянутой программе, достигло 76 заведений, а количество зачисленных учащихся превысило установленный программой целевой показатель в 5000 учеников средних школ, изучающих китайский язык. С другой стороны, тревогу вызывает то, что число людей, принимающих участие в экзаменах по китайскому языку в начальных и средних школах Англии, значительно сократилось (см. рис. 1) — на 27% и 32% соответственно, однако количество сдающих китайский язык в старшей школе в прошлом году вышло на третье место, опередив по данному показателю немецкий язык.

Обучение китайскому языку в Шотландии началось относительно поздно: экзамены в средних и старших школах были введены лишь в 2008 и 2010 годах соответственно. В последние несколько лет количество сдающих экзамены по китайскому языку в средних школах колеблется; в старших школах хоть и наблюдается тенденция к росту, однако количество экзаменуемых все еще невелико.

Рисунок 1 Количество сдающих экзамены в средних и старших школах Великобритании

II. Общая программа экзаменов и экзамены в средней школе

Создание общей экзаменационной программы по китайскому языку является важной частью процесса включения дисциплины в национальную систему образования. До нынешнего момента учебная программа по китайскому языку в Англии несколько раз пересматривалась. Самая ранняя версия экзаменационной программы была «сделана под заказ» для детей этнических китайцев в Англии. После того, как уже в этом столетии изменилась языковая политика страны, появилась «доступная для всех» современная версия, которая удобна для всех изучающих китайский язык, независимо от родного языка или культурных корней. В 2017 году появилась новая реформированная версия, а 2019 год стал первым годом внедрения этой реформированной версии экзамена. Многие учителя и студенты сообщили, что реформированная версия сложнее, чем исходная, и сложность программы, представленной разными экзаменационными комиссиями также различается.

Уменьшение количества людей, сдающих два экзамена по китайскому языку в 2019 году, может происходить по следующим трем основным причинам. Во-первых, это новая экзаменационная программа. Данные экзамена по иностранному языку в старших классах показывают, что по языкам с новыми тестовыми программами, таким как китайский, русский и итальянский, количество экзаменуемых сократилось в среднем примерно на 29%. Также наблюдается значительный контраст количества сдающих экзамены по китайскому языку в начальных и средних школах в различных экзаменационных комиссиях. Количество экзаменов Pearson сократилось более чем вдвое по сравнению с 2018 годом, с 3733 экзаменуемых до 1684, в то время как Британская ассоциация оценивания и сертификаций увеличила количество возможного количества экзаменуемых более чем вдвое, с 710 человек до 1556. Во-вторых, это конкуренция со стороны других языков. Количество академических часов по предметам иностранного языка в средних школах ограничено, по мере увеличения количества языков пропорционально уменьшается количество часов занятий. В 2019 году, за исключением французского, немецкого и испанского, количество «других современных иностранных языков» в средних школах увеличилось, особенно значительно выросло количество языков, связанных с культурным окружением учеников, тех, на которых они говорят в своих этнических сообществах: польский, арабский и другие. Особенно это заметно во время экзаменационных сессий в средних и старших школах. В-третьих, ученики, ранее принимавшие участие в «Программе совершенствования китайского языка», из-за слишком молодого возраста ранее не участвовали в экзаменах средней школы по китайскому языку, однако в 2019 году более 3000 учеников приняли участие в проектных тестированиях с седьмого по девятый класс, в ближайшие несколько лет они будут постепенно сдавать экзамены средней школы. Но даже в этом случае по-прежнему существует большой разрыв между количеством учащихся средних школ, сдающих экзамены по китайскому языку и по трем основным европейским языкам. Например, количество сдающих китайский язык составляет лишь одну сороковую от сдающих французский язык. Эту ситуацию довольно трудно изменить в краткосрочной перспективе.

Несмотря на сложность реформированной экзаменационной программы, ученики, сдающие два экзамена (средней и старшей школы), по-прежнему показывают хорошие результаты. Например, почти 70% учащихся средней школы, сдававшие экзамен по китайскому языку экзаменационной комиссии Pearson, получили оценки A* и A, по сравнению с менее чем 13% оценок A* и A по французскому языку. В 2019 году результаты вступительного экзамена в старшую школу показали, что ученики, получившие оценки A* и A, составляют 25,5% от общего числа, что примерно на 1% меньше, чем в 2018 году. Тем не менее, почти 36% учеников старшей школы, сдававших экзамен по китайскому языку экзаменационной комиссии Pearson, получили такие баллы, что на десять процентных пунктов выше среднего балла и в основном совпадает с баллами по трем основным европейским языкам. Результаты тестов по китайскому языку в Шотландии также значительно опережают результаты других языков. Тем не менее, есть также отчеты о том, что среди студентов с самыми высокими баллами есть большое количество китайских студентов, в том числе иностранных студентов.

III. Подготовка преподавателей и составление учебных пособий

Подготовка преподавателей китайского языка и составление учебных пособий по китайскому языку также являются важными составляющими национальной системы образования. Программа подготовки учителей «Тысяча талантов» в 2010 году и последующий за этим выпуск сертификата о среднем образовании в области образования (Secondary Post Graduate Certificate in Education) ознаменовали собой создание реального механизма подготовки преподавателей китайского языка. Хотя в последние годы в развитии были взлеты и падения, в 2019 году наблюдается устойчивый прогресс. Программа обучения китайскому языку направлена на подготовку ста квалифицированных преподавателей китайского языка, на данный момент только один Педагогический институт Лондонского университета набирает более двадцати новых студентов. Кроме того, в Оксфордском университете, Манчестерском столичном университете, Портсмутском университете, Униве-рситете Кинг-Смита, Болтонском университете и других университетах также есть курсы для учителей китайского языка в средних школах, курсы китайского языка преподаются отдельно или вместе с другими современными иностранными языками, некоторые университеты включают китайский язык в свои программы в качестве изучения языка национальных комьюнити (в противопоставление массовой тенденции к изучению популярных европейских языков). Тем не менее, количество студентов на этих курсах по-прежнему относительно невелико, что связано с такими факторами, как требования к поступающим и возможности последующего трудоустройства, по этим причинам некоторые университеты (такие как Университет Эдж Хилл и другие) прекратили набор студентов. В Шотландии с 2007 года проводится финансируемая государством подготовка преподавателей китайского языка. В настоящее время университеты Абердина,

Эдинбурга и Стратклайда предлагают получить диплом о среднем образовании по данной специальности (Secondary Post Graduate Diploma in Education).

Экзаменационные комиссии, организующие экзамены по китайскому языку в Англии, в основном разработали свои собственные учебники для средней школы, такие как «Progress» и «Edexcel Chinese GCSE» издательства Пирсон (Pearson), а также двухтомный «AQA GCSE Chinese» и другие. Единого учебника для подготовки к экзаменам по китайскому языку в старших классах не существует, но каждый год в Англии появляются учебные пособия, разработанные китайскими учителями и изданные в Англии. На в 2019 год существует около десяти видов учебных пособий, включая «Chinese for AS». Шотландия на данный момент еще не разработала относительно систематизированный учебник китайского языка.

Если оценивать степень, в которой китайский язык был включен в национальную систему образования в Великобритании, можно сказать, что изучению китайского языка в средней школе все еще не хватает размаха, а обучение китайскому языку в старшей школе начало вступать в третью стадию развития. В этой фазе в 2019 году есть и взлеты, и падения, но в целом развитие идет довольно стабильно. Плавный прогресс программы повышения квалификации для преподавателей китайского языка укрепил статус китайского языка в британской системе обучения иностранным языкам. По мере накопления опыта преподавания китайского языка и постепенного улучшения качества преподавания, все больше студентов будут получать реальную пользу и продолжат изучение китайского языка. Таким образом, число участников двух экзаменационных сессий (средней и старшей школы) должно снова возрасти в ближайшие несколько лет.

В 2019 году более трехсот китайских учителей были отправлены из Китая в Великобританию через Институт Конфуция и Программу преподавательских ассистентов от Английского комитета по культуре, сотни китайских преподавателей-волонтеров с помощью других каналов (к примеру, региональные программы обмена и прочие) приехали в Великобританию вести преподавательскую деятельность в младших и средних школах. Количество китайских учителей, преподающих в начальных школах, а также количество Институтов Конфуция и Классов Конфуция в Великобритании занимает первое место в Европе, государственные школы очень зависят от этого из-за недостаточного государственного финансирования.

(Авторы: Чжан Синьшэн, Ричмонд, Американский международный университет в Лондоне;

Ли Минфан, Лондонский Университет Риджентс)

Доклад о развитии обучения китайскому языку в Америке —США

Соединенные Штаты Америки поддерживают тесные связи и ведут обширные обмены и сотрудничество с Китаем в различных областях, таких как культура, образование, технологии, поэтому обучение китайскому языку в США является неотъемлемой частью изучения китайского языка во всем мире. Данный доклад будет разделен на семь частей, чтобы описать и проанализировать обучение китайскому языку в США: формы обучения китайскому языку в США; история развития обучения китайскому языку в американских университетах; Институты Конфуция в США; статус преподавания китайского языка в США; учебные материалы по китайскому языку; рекомендации к тестированиям по иностранным языкам; основные образовательные организации США, связанные с китайским языком. В докладе использованы цифры, диаграммы и примеры, чтобы помочь читателям понять настоящую ситуацию с обучением китайскому языку в США и обеспечить основу для изучения преподавания китайского языка во всем мире.

I. Формы обучения китайскому языку в США

В Америке (США) существует множество форм обучения китайскому языку, которые можно условно разделить на следующие три типа: изучение китайского языка в университетах, изучение китайского языка в начальных и средних школах и изучение китайского языка в китайских образовательных учреждениях. Наиболее важным является китайское образование в университетах, затем следует китайское образование в начальных и средних школах и, наконец, обучение китайскому языку в китайских школах. Эти три типа образования имеют разные объекты, методы и цели обучения, а также используют различные учебные материалы, результат обучения также отличен.

1. Обучение китайскому языку в университетах

Многие университеты в Америке требуют, чтобы к моменту выпуска из ВУЗа студенты овладели одним иностранным языком, как правило, они должны достичь определенного уровня владения иностранным языком в конце второго года обучения. Перед началом первого семестра студенты должны пройти вступительный тест университета для распределения по группам. Студенты, соответствующие вышеуказанным критериям, могут быть освобождены от изучения иностранного языка в качестве обязательного предмета, в противном случае курс по иностранному языку является обязательным. Например, если первокурсник изучал китайский язык в течение четырех лет в средней и старшей школе перед поступлением в ВУЗ, а по итогам вступительного экзамена попадает в группу второго уровня (второго года изучения), то ему необходимо изучать китайский язык еще как минимум год, только после прохождения итогового теста такой студент сможет получить диплом о высшем образовании. Если студент поступает в ВУЗ и начинает изучать китайский язык с нуля, то ему, соответственно, необходимо начинать изучение китайского языка с первого курса, после двух лет обучения он сможет соответствовать университетским требованиям по иностранному языку для выпускников. Конечно, после двух лет занятий студент может продолжать посещать курсы китайского языка, поэтому студенты американских университетов в основном изучают иностранные языки на курсах по выбору, например, китайский, лишь немногие студенты изучают иностранные языки в качестве основной специальности. Если студент выбирает китайский язык как основную специальность, то ему необходимо закончить четыре класса (года) обучения, а также пройти значительное количество курсов по китайской культуре.

Самой яркой особенностью обучения китайскому языку в американских университетах является наличие факультативов по китайскому языку, а не обязательных курсов. Группы по китайскому языку, как правило, невелики, около пятнадцати студентов. Занятия проходят четыре-пять дней в неделю, по одному 50-минутному занятию в день. Учителя в основном используют методы погружения студента в языковую обстановку, на занятиях в основном говорят на китайском языке. Во время уроков студенты по большей части практикуются в аудировании и разговорной речи на китайском языке под руководством учителей.

Еще одной особенностью изучения китайского языка в американских университетах является разделение китайцев и иностранцев, то есть китайские и некитайские студенты попадают в разные группы. Поскольку студенты китайского происхождения говорят по-китайски дома со своими родителями, основная цель их занятий по китайскому языку — научиться читать и писать, студенты китайского происхождения овладевают китайскими иероглифами и пишут в два раза быстрее, чем учащиеся некитайского происхождения.

2. Обучение китайскому языку в начальных и средних школах

Студенты университетов могут самостоятельно принимать решение, какой курс иностранного языка выбрать, однако в начальных и средних школах у учеников, как правило, нет выбора. Класс или группа учащегося, а также то, какой язык будет изучать ученик, китайский или другой иностранный, например испанский или французский, определяется учебным заведением в соответствии с преподавательским составом. В каждом классе обычно около тридцати учеников. Из-за того, что ученики не выбирают языковые занятия самостоятельно, их мотивация к изучению языка также не сильна, поэтому для обучающихся этого возраста характерны такие проблемы, как невнимательность и недисциплинированность. Учителям китайского языка необходимо составлять учебные планы в соответствии с реальной ситуацией, корректировать методы обучения и снижать стандарты тестирования, чтобы поддерживать энтузиазм учащихся к изучению китайского языка. Еще одна важная отличительная черта студентов данной группы – это их малый возраст, они хорошо обучаются языку, особенно легко им дается постановка произношения. Если преподаватели направляют их должным образом, то высока вероятность воспитать учеников с высоким потенциалом к дальнейшему обучению, обладающих четкой дикцией и правильным произношением, что заложит им прочную основу для улучшения своих навыков в будущем. При нормальных обстоятельствах изучавшие китайский язык в течение четырех лет в средней школе могут быть приняты в группу китайского языка на второй год обучения в университете.

3. Обучение китайскому языку в китайских образовательных заведениях

На данный момент в США проживает четыре миллиона этнических китайцев. Многие китайские семьи надеются, что их дети будут также хорошо разговаривать на китайском языке и знать китайскую культуру, как и их родители. По этой причине каждые выходные китайские семьи отправляют своих детей на обучение китайскому языку в китайские школы. Возраст учеников этих школ обычно варьируется от пяти до пятнадцати лет, то самое время, когда дети любят развлекаться. По выходным дети приходят в данные школы не по собственному желанию, обычно их приводят родители, однако дети этнических китайцев зачастую довольно послушные, раз папа и мама отправляют их на занятия, то они посещают их, раз учителя заставляют их учиться, то они учатся. Конечно, школы и преподаватели по возможности стараются сделать учебный процесс интересным и увлекательным, учителя проводят занятия в игровой форме, включают для учеников телевизионные передачи на китайском языке, учатся петь китайские песни, устраивают соревнования по чтению докладов и написанию сочинений, занимаются ушу, играют в китайские шахматы и многое другое. Учителя всеми силами стараются, чтобы обучение китайскому языку и знакомство с китайской культурой проходило в увлекательной форме. Многие издательства выпускают учебные материалы, вспомогательные пособия и видеоматериалы для обучающихся китайскому языку, что в значительной степени способствует развитию преподавательской деятельности в китайских школах США.

Некоторые китайские школы также организуют для учеников и их родителей летние поездки «возвращения к корням», отправляются в путешествие в Китай. Большую помощь в этом оказывают профильные министерства Китая, дающие китайским детям возможность полюбоваться просторами и красотами страны своих предков, ощутить тепло и заботу своих родных в Китае, посеять в их юных сердцах семена любви к китайскому языку и Китаю.

II. История развития обучения китайскому языку в американских университетах

В свое время количество студентов, изучающих китайский язык в США, было небольшим, также на тот период не существовало точных статистических данных, их строгий сбор начался лишь в 1960 году, начиная с этого периода Ассоциация современного языка в США каждые три-четыре года подсчитывала количество студентов, изучавших иностранные языки в американских университетах на начало осеннего семестра. Согласно данным, предоставленным Ассоциацией современного языка, в качестве справочного материала для читателей была составлена следующая таблица:

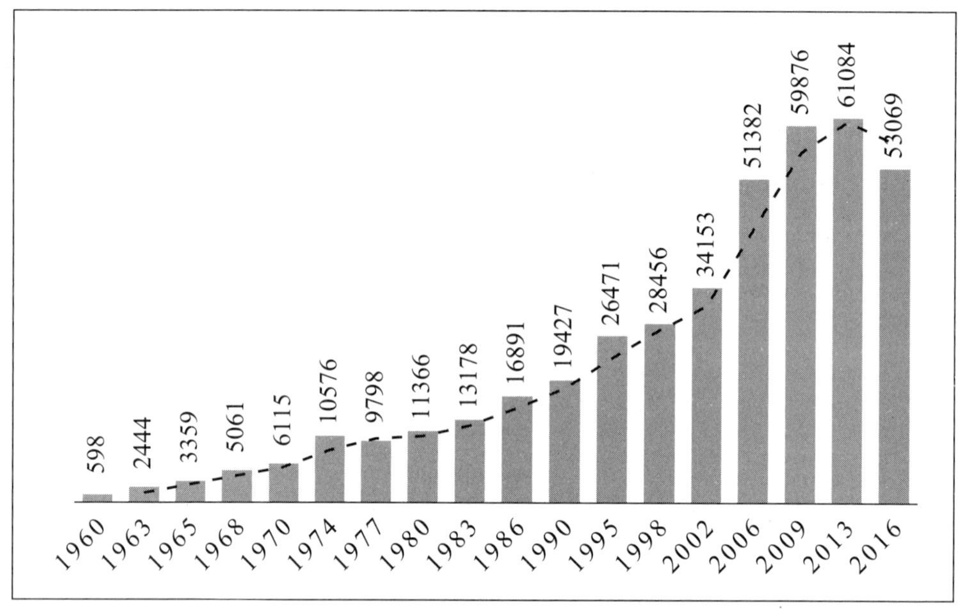

Рисунок 1　Количество студентов американских университетов, выбравших китайский язык в осеннем семестре в качестве факультативного курса в 1960-2016 гг.

С помощью приведенной выше таблицы читатели могут определить тенденцию изменения количества студентов на курсах китайского языка в университетах США. Масштабы преподавания китайского языка в Америке выросли от совсем малого объема до внушительных цифр, можно сказать, что процесс развития обучения китайскому языку тесно связан с эволюцией отношений между Китаем и США. В 1960-х годах в Америке был опубликован «Закон об образовании в области национальной обороны», в котором китайский язык был указан как один из ключевых языков, имеющих решающее значение для национальной безопасности, закон призвал квалифицированные университеты учреждать курсы китайского языка. В этот промежуток времени лишь менее 600 студентов обучалось китайскому языку. «Пинг-понговая дипломатия» в 1971 году, визит президента Никсона в Китай в 1972 году, установление дипломатических отношений между Китаем и США в 1979 году — все это способствовало энтузиазму американского народа к изучению китайского языка, а также увеличению числа людей, которые выбирали в качестве факультативного курса китайский язык. После 1980-х годов Китай проводил политику реформ и открытости, во время которой большое количество китайских студентов приехало учиться в США, многие из них после завершения обучения остались в Америке преподавать китайский язык, став приливом жизненной силы для китайского преподавательского сообщества Америки. С тех пор количество студентов, изучающих китайский язык в США, стало увеличиваться, вместе с подъемом экономики Китая в новом столетии многие американские студенты обнаружили, что изучение китайского языка способствует устройству на хорошую работу, поэтому многие студенты начали обучение китайскому языку по своей инициативе. Кроме того, самой большой движущей силой обучения китайскому языку является создание Институтов Конфуция. Большое количество китайских учителей из Института Конфуция приехало в Америку, чтобы преподавать китайский язык в увеличивающемся количестве начальных и средних школ и в китайских общинах, что привело к беспрецедентному росту количества студентов, изучающих китайский язык.

Однако следует также отметить, что с 2009 по 2013 год темпы роста числа изучающих китайский язык начали замедляться, с 2013 по 2016 год количество людей, изучающих китайский язык также показало тенденцию к снижению. Согласно информации, опубликованной Ассоциацией современного языка США, новые данные о количестве студентов будут подсчитаны и опубликованы осенью 2021 года. Поскольку количество изучающих китайский язык в США в 2021 году не подсчитывалось, на данный момент нет однозначного вывода о тенденции изменения количества студентов за последние годы. Чтобы понять современное положение дел, в конце 2020 года автор данного доклада в группе WeChat провел опрос среди коллег, попросив прокомментировать настоящую ситуацию в различных университетах США. Сравнив и обобщив отзывы этих преподавателей, автор пришел к следующим выводам: тенденция роста числа студентов, изучающих китайский язык в различных университетах, замедлилась с 2010 года, что указывает на то, что пиковый период развития уже прошел; число студентов сократилось с 2013 года, после 2016 года также продолжает снижаться; число изучающих китайский язык в 2019 и 2020 годах стабилизировалось, но по сравнению с пиком 2010 года нынешнее количество по-прежнему значительно ниже. Если взять в качестве примера Северо-Западный университет (г. Сиань), то на осенний семестр 2004 года количество студентов, изучающих китайский язык, составляло 195 человек, затем увеличивалось из года в год, достигнув пика в 368 человек в 2011 году. С тех пор количество постоянно уменьшалось и достигло нижнего показателя в 162 человека в 2018 году. Далее количество начало восстанавливаться, поднявшись до 180 к 2019 году, а число студентов, изучающих китайский язык, на осенний семестр 2020 года выросло до 222.

Какие факторы привели к тому, что число студентов, изучающих китайский язык в США, перестало расти и даже сократилось? После интервью с профессорами различных университетов автор доклада может, обобщая полученные данные, назвать следующие причины:

1. Количество студентов достаточное. В США все те, кто хотят, обязаны или могут изучать китайский язык, уже приступили к обучению, когда их общее количество достигает определенного числа, то оно стабилизируется и не может продолжать постоянно расти.

2. Искажение фактов в СМИ. Подвергаясь влиянию «теории китайской угрозы» некоторые СМИ чрезмерно популяризируют «темную» сторону Китая, в результате чего некоторые американцы неправильно понимают Китай и не хотят изучать китайский язык.

3. Ряд проблем создается недобросовестными политиками. Некоторые из них оказывают давление на Институты Конфуция в своих собственных политических целях, что даже привело к закрытию некоторых Институтов Конфуция в США. Закрытие Институтов Конфуция и Классов Конфуция, естественно, повлияло на развитие преподавания китайского языка в Америке. Следующий раздел доклада будет посвящен проблемам, с которыми сталкиваются Институты Конфуция в США.

III. Институты Конфуция в США

С тех пор как в 2004 г. в Университете Мэриленда был основан первый Институт Конфуция, все последующие годы Институты Конфуция в Америке быстро развивались, в итоге их количество выросло с нескольких организаций до ста семи Институтов и Классов Конфуция, которые играют огромную роль в продвижении обучения китайскому языку, распространении китайского языка и культуры Китая в США. Автор данного доклада провел опрос четырнадцати Институтов Конфуция на Среднем Западе США и описал результаты в книге «Динамическое исследование преподавания китайского языка в США», на основе чего также составил следующую таблицу:

Таблица 1 Список Институтов Конфуция на Среднем Западе США

Название	Время основания	Основные функции и особенности
Институт Конфуция в Университете Канзаса	2006 г., май	Дистанционное обучение в средней школе, курсы китайского языка в бизнесе и торговле, проведение культурных мероприятий
Институт Конфуция в Университете штата Мичиган	2006 г., май	Обучение китайскому языку, дистанционное обучение, разработка учебных курсов, курсы подготовки преподавателей, культурные мероприятия
Институт Конфуция г. Чикаго	2006 г., май	Запуск курсов китайского языка в 43 общественных школах, разработка учебных курсов, предоставление вспомогательных материалов, курсы подготовки преподавателей
Институт Конфуция Университета штата Айова	2006 г., сентябрь	Запуск ряда учебных курсов, подготовка преподавателей китайского языка, расширение областей преподавания китайского языка в общинах, улучшение межкультурной коммуникации

Название	Время основания	Основные функции и особенности
Институт Конфуция Университета Пердью	2007 г., май	Занятия по разговорному китайскому языку и культуре Китая, подготовка преподавателей, исследования в области преподавания, услуги по переводу и предоставлению различной информации
Институт Конфуция социального колледжа Денвера	2007 г., сентябрь	Обучение китайскому языку, организация культурных мероприятий, проведение общественных мероприятий в китайских общинах
Институт Конфуция Университета Валпараисо	2008 г., февраль	Обучение китайскому языку, расширение рынка обучения китайскому языку, организация фестивалей китайской музыки и знакомства с китайской музыкой и культурой
Институт Конфуция Университета Висконсин в Платтевилл	2008 г., апрель	Курсы китайского языка начального уровня, проведение семинаров по культуре и бизнесу, сертификация учителей китайского языка
Институт Конфуция в Индианаполисе	2008 г., апрель	Преподавание китайского языка, подготовка преподавателей, посещение общин для проведения культурных обменов, содействие межшкольным обменам
Институт Конфуция Университета Минессоты	2008 г., сентябрь	Развитие преподавания китайского языка, экзамены HSK, организация культурных мероприятий, подготовка преподавателей
Институт Конфуция Университета Уэбстер	2009 г., февраль	Предоставление учебных ресурсов по языку и культуре для продвижения образовательных и культурных обменов в США и Китае
Институт Конфуция Университета Мичигана	2009 г., ноябрь	Главная тематика – искусство, проведение семинаров, выступлений, лекций, выставок на различные темы
Институт Конфуция Университета Западного Мичигана	2009 г., ноябрь	Организация курсов китайского языка и культуры, создание учебных материалов, исследование методов обучения, организация мероприятий по культурному обмену

Название	Время основания	Основные функции и особенности
Институт Конфуция Чикагского университета	2010 г., июнь	Исследования современного Китая, в особенности, современные экономические исследования

Хотя все четырнадцать Институтов Конфуция на Среднем Западе США имеют свои особенности, но все они обладают одной общей чертой: стремление к продвижению обучения китайскому языку в Америке, а также к популяризации различных аспектов китайской культуры. В течение последних нескольких лет Институт Конфуция оказал значительное влияние на Средний Запад США. Все большее количество американцев знакомятся с китайской культурой, все большее количество студентов интересуется изучением китайского языка, все больше и больше американцев выражают желание поехать в Китай, чтобы увидеть все изученное своими глазами. Важные успехи, достигнутые Институтом Конфуция в США, очевидны для всей мировой общественности.

По известным причинам количество Институтов Конфуция в США за последние годы значительно сократилось. Достойно уважения то, что они по-прежнему настаивают на продолжении обучения, распространении китайского языка, продвижении китайской культуры. Институты Конфуция в США продолжают двигаться вперед в самых неблагоприятных условиях, получают поддержку многих американских преподавателей и пользуются популярностью среди американских граждан.

IV. Статус преподавания китайского языка в США

Преподавание иностранных языков в США включает в себя все курсы, ориентированные на оказание услуг, имеющие статус региональных исследований или исследований профессиональных дисциплин, китайский язык не является исключением. Например, студентам, чьей специальностью является китайская литература, необходимо повышать свой уровень китайского языка, чтобы иметь возможность читать литературу на китайском языке в оригинале. Таким образом, во многих университетах преподаватели таких специальностей, как китайская литература, являются профессорами, работают на постоянной основе, а те, кто преподает китайский язык, являются преподавателями-лекторами. Хотя такая работа довольно стабильна, однако постоянная должность в университете не предусмотрена. Многие заведующие кафедрами китайского языка во многих университетах являются старшими преподавателями, не занимая штатных профессорских должностей, однако все они имеют докторские степени в области преподавания китайского языка, лингвистики и педагогики.

В американских университетах практически нет факультетов китайского языка, в лучшем случае есть центры восточноазиатских исследований или китайское направление на факультете азиатских языков и культур. В обычном университете факультет востоковедения или факультет азиатских языков и культур имеет такой же статус, как факультет истории или религии, однако их невозможно сравнить с факультетами естественных и технических наук, они во многом различны. Что касается статуса китайского отделения в каждом университете, то статус китайских факультетов университетов Лиги плюща примерно такой же, как и у университетов, не входящих в Лигу Плюща. Например, факультет китайского языка Принстонского университета намного сильнее, чем отделение Северо-Западного университета, но их относительный статус внутри университетов относительно равный. Автор данного доклада работал в Принстонском университете, после чего перешел в Северо-Западный университет, поэтому имеет некоторое представление по данному вопросу. Конечно, в последние годы экономика Китая развивалась быстрыми темпами, международный статус государства резко повысился, американские университеты установили частые обмены с китайскими университетами, что также повысило статус китайского направления в каждом учебном заведении, надеемся, что данная тенденция продолжит свое развитие.

V. Учебные материалы по китайскому языку

В США не существует единой программы обучения китайскому языку. Китайские программы каждого образовательного учреждения устанавливаются в соответствии с фактическими потребностями учащихся, выбор учебных материалов также происходит в соответствии с целями обучения.

Тенденция выбора учебников в университетах Северной Америки все больше двигается в сторону адаптированных учебных материалов. Для того, чтобы познакомиться с условиями выбора учебников китайского языка в американских университетах, профессор Ли Юй из Университета Эмори и другие преподаватели провели опрос в 170 университетах США и опубликовали его результаты в 49-м выпуске «Вестника ассоциации преподавателей китайского языка в США – исследования преподавания китайского языка» в 2014 году. Согласно статистике профессора Ли, наиболее широко используемым учебником для преподавания китайского языка в начальных классах Северной Америки является «Integrated Chinese: Zhong Wen Ting Shuo Du Xie»[1], а наиболее широко используемым учебником для старших классов является «All things considered»[2]. Оба комплекта учебников составлены американскими преподавателями. Профессор Лян Ся из Вашингтонского университета указал в своей новой работе «Исследования обучения китайскому языку в американских университетах», что наиболее важной особенностью двух комплектов учебников является то, что они имеют определенные цели и адресатов. Для какого класса и в каком семестре используется тот или иной учебник, полностью определяется продолжительностью семестра в американских университетах, а также количеством часов занятий в неделю и реальными жизненными условиями учащихся в данном классе. Профессор Лян считает, что редакторы этих двух серий учебников имеют богатый опыт преподавания в американских университетах и четкое понимание сравнительной

1 «Китайский язык: аудирование, речь, чтение и письмо» (учебное пособие)

2 «Обо всем» (учебное пособие)

грамматики и культуры, а также достаточно единодушны со студентами во взглядах, идеях и ценностях при написании текстов и обсуждении вопросов. Поскольку эта серия методических материалов соответствует современности и приближена к реальной жизни студентов, то она может вызвать широкий резонанс среди студентов.

Преподаватели разных курсов групп в университетах США могут самостоятельно выбирать предпочтительные учебники. В таблице 3 представлены учебники, используемые в образовательном процессе Северо-Западного университета.

Таблица 2 Курсы и используемые материалы Северо-Западного университета

Название курса	Учебные материалы
Китайский язык, 1 курс	«Современный китайский язык» («Modern Chinese») 1A、B
Китайский язык, 2 курс	«Современный китайский язык» («Modern Chinese») 1B、2A
Китайский язык, 3 курс	«Развиваем выразительные способности» («Developing Chinese Fluency»)
Китайский язык, 4 курс	«Культурный обзор» («The Routledge Advanced Chinese»), «Чтение коротких историй на китайском языке» («Reading Chinese Short-Short Stories»)
Китайский язык (для этнических китайцев), 1 курс	«Китайский язык: аудирование, речь, чтение, письмо» («Integrated Chinese») начальный уровень 1-2
Китайский язык (для этнических китайцев), 2 курс	«Китайский язык: аудирование, речь, чтение, письмо» («Integrated Chinese») средний уровень 1-2
Китайский язык (для этнических китайцев), 3 курс	«Меняющийся Китай» («Reading Into a New China»), «Все о Китае» («Stories from China»)
Китайский язык (для этнических китайцев), 4 курс	«Путь к успеху» («Road to success») 1
	«Путь к успеху» («Road to success») 2
Китайский язык для бизнеса	«Новый шелковый путь» («New Silk Road»)

Судя по девяти различным учебникам, используемым в Северо-Западном университете, семь из них написаны в США, из учебников, изданных в Китае, данный университет использует только «Путь к успеху» издательства пекинского университета языка и культуры и «Новый шелковый путь» издательства Пекинского университета. Примеры выбора учебников Северо-Западного университета подтверждают исследовательский отчет профессора Ли в 2014 году и анализ профессора Лян в 2020 году. Из всего вышесказанного можно сделать вывод, что американские преподаватели и студенты отдают предпочтение адаптированным учебникам, написанным в США, поскольку такие учебные материалы больше подходят для обучения китайскому языку в США по форме, содержанию, аудиовизуализации и послепродажному обслуживанию.

VI. «Рекомендации к тестированиям по иностранным языкам»

«Рекомендации по владению иностранными языками» ACTFL PROFICIENCY GUIDELINES, сформулированные Национальной ассоциацией преподавания иностранных языков, являются важной вехой в стандартизации обучения иностранным языкам. В них подробно описаны разные уровни заданий по иностранному языку, которые необходимо выполнить учащимся разного уровня. «Рекомендации» не устанавливают четких различий между языками, устанавливают единые стандарты и критерии для обучения иностранным языкам. Независимо от того, к какой языковой семье принадлежит язык или насколько он сложен, необходимо ставить цели и строить планы по изучению языка на основе данных рекомендаций. Используя данные рекомендации возможно более точное понимание заявленных целей тех или иных курсов в образовательных учреждениях, будь то «продвинутый», «высокий» или «средний». Для достижения поставленных целей учебные заведения учитывают данные рекомендации в процессе разработки курсов, подбора учебных материалов и набора преподавателей.

Например, Образовательный фонд национальной безопасности запросил у двенадцати китайских образовательных учреждений подготовку студентов до «сверхпродвинутого» уровня на основе вышеупомянутых «Рекомендаций» в рамках пилотной программы. Упомянутый «сверхпродвинутый» уровень четко описывает задачи по иностранному языку, которые могут выполнять учащиеся, достигшие этого уровня. В рамках пилотного проекта сторона А и сторона Б договорились, что сторона А проверит уровень учащихся в соответствии с этими рекомендациями спустя четыре года. В соответствии с этими рекомендациями каждый университет пилотного проекта решает, как использовать средства, предоставленные фондом, какое количество преподавателей необходимо нанять, какую программу составить, какие курсы предложить, какое количество часов занятий необходимо. Стандарты и цели ясны, обе стороны имеют четкое представление, до какого уровня студенты должны дойти в обучении иностранному языку.

В «Рекомендациях» подробно описывается владение иностранным языком обучающихся разного уровня от самого высокого «Высший уровень» до самого низкого «Начинающий уровень», описывается, что могут или не могут сказать, написать, понять на слух на данном иностранном языке обучающиеся разных уровней. «Рекомендации» не следуют определенной теории преподавания, методам преподавания или учебному плану, они являются лишь стандартизированным инструментом для измерения уровня владения иностранным языком.

«Рекомендации» оценивают владение учащимися иностранными языками в четырех основных областях, а именно: говорение, письмо, аудирование и чтение. Порядок навыков отличается от ранее общепринятого в Китае порядка, который выглядел так: аудирование, говорение, чтение, письмо. Используемый в «Рекомендациях» порядок следующий: говорение, письмо, аудирование, чтение. Основная идея состоит в том, чтобы различать способность восприятия и выразительные способности обучающихся. Таким образом, говорение и письмо выявляют выразительные способности, а аудирование и чтение относятся к навыкам восприятия.

«Рекомендации» делят владение иностранным языком по четырем аспектам на пять основных и девять второстепенных уровней. Рассмотрим в качестве примера навыки говорения, самый высокий уровень — Distinguished, то есть высший уровень. Далее следует уровень Superior, то есть сверхпродвинутый, за ним следует уровень Advanced, то есть продвинутый. Данный уровень подразделяется на верхний, средний и нижний подуровни. Далее идет уровень Intermediate, который является средним. Данный уровень также подразделяется на верхний, средний и нижний. Самый низкий уровень – это Novice, то есть начальный. Данный уровень также подразделяется на высокий, средний и нижний подуровни. Для того, чтобы более наглядно показать все уровни, в «Рекомендациях» представлены следующие диаграммы-пирамиды:

Рисунок 2 «Рекомендации по владению иностранными языками» ACTFL PROFICIENCY GUIDELINES, сформулированные Национальной ассоциацией преподавания иностранных языков.

Диаграмма в виде перевернутого конуса выше представляет разные уровни иностранного языка для разных обучающихся. Заостренная часть в самом низу представляет собой самый низкий уровень владения языком «начальный нижний», девять уровней в середине представляют девять различных степеней владения языком, а верхняя широкая часть представляет собой самый высокий уровень «высший». График визуально сообщает читателю, что обучающиеся на нижнем уровне обладают наименьшим объемом знаний, поэтому находятся в заостренном низу, в то время как кандидаты на верхних уровнях имеют большей объем знаний, поэтому занимают самую широкую вершину. Таким образом, диаграмма Национальной ассоциации преподавания иностранных языков представляет собой объем знаний, полученных обучающимися на разных уровнях, а не количество студентов на каждом уровне. Согласно диаграмме выше, чем выше уровень ученика и сильнее его способности, тем более высокое положение он занимает, тем больше его объем знаний. Чем ниже уровень ученика и слабее способности, тем меньше объем его знаний и ниже положение в диаграмме.

С «Рекомендациями», независимо от того, в каком учебном заведении вы обучаетесь или какой иностранный язык учите, вы можете определить свои собственные цели в соответствии с вашей реальной ситуацией. Учебная программа, составленная на кафедре китайского языка, которой принадлежит автор доклада, может раскрыть читателю некоторые детали. В соответствии с конкретной ситуацией обучающихся мы поставили определенные цели, после изучения китайского языка в течение одного учебного года на разных уровнях курсов студенты должны достичь следующих определенных уровней:

Таблица 3 Таблица планируемых уровней китайского языка

Название курса	Говорение	Письмо	Аудирование	Чтение
Китайский язык, 1 курс	Начальный высокий	Начальный высокий	Начальный высокий	Начальный высокий
Китайский язык, 2 курс	Средний средний	Средний средний	Средний средний	Средний нижнй
Китайский язык, 3 курс	Средний Верхний	Средний Верхний	Средний Верхний	Средний Средний
Китайский язык, 4 курс	Продвинутый От Нижнего до Продвинутого среднего	Продвинутый От Нижнего до Продвинутого среднего	Продвинутый От Нижнего до Продвинутого среднего	Продвинутый От Нижнего до Продвинутого среднего
Китайский язык (для этнических китайцев), 1 курс	Средний верхний	От Среднего среднего до Среднего верхнего	Средний верхний	От Среднего среднего до Среднего верхнего
Китайский язык (для этнических китайцев), 2 курс	Продвинутый нижний	От Среднего верхнего до Продвинутого нижнего	Продвинутый нижний	От Среднего верхнего до Продвинутого нижнего
Китайский язык (для этнических китайцев), 3 курс	Продвинутый средний	От Продвинутого нижнего до Продвинутого среднего	Продвинутый средний	От Продвинутого нижнего до Продвинутого среднего
Китайский язык (для этнических китайцев), 4 курс	Продвинутый верхний	Продвинутый верхний	Продвинутый верхний	Продвинутый верхний

Поскольку потребности китайских и некитайских обучающихся различны, количество учебных часов необходимых для достижения определенного уровня, то и требования к четырем аспектам аудирования, говорения, чтения и письма также различны.

VII. Основные образовательные организации США, связанные с китайским языком

В Соединенных Штатах есть три основные организации, ведущие деятельность по обучению китайскому языку: Национальная ассоциация учителей китайского языка, Национальная ассоциация учителей китайского языка начальных и средних школ и Национальная ассоциация китайских школ. Они независимы друг от друга, но ведут сотрудничество между собой.

1. Национальная ассоциация учителей китайского языка

Полное название Национальной ассоциации учителей китайского языка на английском языке звучит как «Chinese Language Teachers Association», используется аббревиатура CLTA. Данная ассоциация была основана в 1962 году, сейчас количество ее участников превышает 700 человек. Это в основном преподаватели китайского языка из различных университетов США, в последние годы к ним присоединились также некоторые учителя китайского языка начальных и средних школ. Целью ассоциации является содействие развитию и исследованиям в области преподавания китайского языка и китайской культуры в США. Ассоциация ежегодно проводит собрания, избирает следующего председателя и организует обучающие семинары по различным темам. У ассоциации также есть профессиональный журнал «Исследования в области преподавания китайского языка - журнал Американской ассоциации преподавателей китайского языка». Журнал публикует три номера ежегодно и проходит анонимное рецензирование, а также публикует последние достижения в области преподавания и исследований китайского языка. Это важный канал для понимания современных условий преподавания и изучения китайского языка в США. Некоторые из опубликованных в журнале статей написаны на китайском языке, а некоторые на английском языке. Журнал фокусируется на изучении педагогической практики и направлен на содействие развитию сферы преподавания китайского языка.

2. Национальная ассоциация учителей китайского языка начальных и средних школ

Полное название Национальной ассоциации учителей китайского языка начальных и средних школ на английском языке звучит как «Chinese Language Association of Secondary-Elementary Schools», используется аббревиатура CLASS. Данная ассоциация была основана в 1987 году, её цель состоит в том, чтобы помогать начальным и средним школам запускать и развивать программы обучения китайскому языку, создавать единую программу обучения, устанавливать стандарты тестирования на знание китайского языка, создавать курсы китайского языка AP и проводить подготовку учителей китайского языка в начальных и средних школах. Данная ассоциация тесно сотрудничает с Национальной ассоциацией учителей китайского языка и ежегодно проводит совместные собрания. Многие члены ассоциации, работающие в государственных и частных школах K-12 в США также являются членами Национальной ассоциации учителей китайского языка.

3. Национальная ассоциация китайских школ

Полное название Национальной ассоциации китайских школ на английском языке звучит как «Chinese School Association of the United States», используется аббревиатура CSAUS. Данная ассоциация была основана в 1994 году, ее членами являются более пятисот школ из пятидесяти штатов Америки. На настоящий момент в организацию входит более 100 000 изучающих китайский язык и около 8 000 преподавателей. Целью ассоциации является развитие внеклассного обучения китайскому языку для детей этнических китайцев, проживающих в Америке, содействие изучению ими китайской культуры и традиций. Ассоциация проводит общее собрание каждые два года, избирает следующего председателя, обсуждает направления работы, формулирует планы действий, организует выезд обучающихся в Китай для знакомства с исторической родиной, организует конкурсы ораторского искусства на китайском языке, конкурсы сочинений и так далее. В отличие от начальных и средних школ и университетов, в китайских школах занятия проводятся только по субботам или воскресеньям, большинство из них арендуют аудитории в средних школах или университетах. Обучающиеся в этих школах — это ученики начальных и средних школ, большинство из них — дети этнических китайцев, проживающих в США, также некоторые дети усыновлены из Китая. Целью создания Ассоциации китайских школ является предоставление возможностей и условий для китайских детей для изучения китайского языка и сохранения китайских культурных традиций.

Среди трех вышеупомянутых ассоциаций Национальная ассоциация учителей китайского языка в основном занимается обучением китайскому языку в университетах, Национальная ассоциация учителей китайского языка для начальных и средних школ в основном занимается обучением китайскому языку в начальных и средних школах, а Национальная ассоциация китайских школ в основном занимается обучением китайскому языку в китайских школах в выходные дни. Хотя их объекты и различны, но цель деятельности одна и та же, рабочие процессы также взаимосвязаны. Например, если китайские школы выходного дня могут стимулировать интерес китайских детей к изучению китайского языка, а преподавание китайского языка в начальных и средних школах может предложить больше курсов китайского языка, чтобы заложить прочную основу для студентов, изучающих китайский язык, то преподавание китайского языка в университетах, в свою очередь, может значительно помочь учащимся улучшить свои знания китайского языка. Таким образом, общение и сотрудничество между этими тремя ассоциациями действительно необходимы. Автор данного доклада на данный момент является профессором Северо-Западного университета, в свободное время уже в течение четырех лет он преподает китайский язык в государственной средней школе в Чикаго. Кроме того, в течение восьми лет он занимал должность директора-волонтера в китайской школе выходного дня, где его дочь изучала китайский язык, поэтому можно считать, что автор достаточно хорошо ознакомлен с современной ситуацией.

В дополнение трем к вышеупомянутым ассоциациям существуют также некоторые профессиональные ассоциации в различных штатах и регионах США, например, Калифорнийская ассоциация учителей китайского языка, Ассоциация преподавателей китайской каллиграфии, Ассоциация преподавателей делового китайского языка и так далее. Цель этих ассоциаций предельно ясна: помочь учителям китайского языка повысить уровень преподавания, способствовать развитию преподавания китайского языка. Основные виды деятельности, которые они ведут, — это проведение ежегодных собраний, выборы следующих председателей, организация конкурсов речей на китайском языке и так далее.

Китайское образование в США претерпело заметные изменения в течение последних лет, добившись больших успехов с точки зрения форм образования, количества студентов, академического статуса китайского языка, подбора учебных материалов, установления стандартов тестирования и организационной структуры. Развитие обучения китайскому языку в США всегда было тесно связано с каналами поддержки из Китая. Хочется верить, что с помощью коллег из китайского педагогического сообщества преподавание китайского языка в США также продолжит свое развитие в будущем.

(Автор: Гу Личэн, Северо-Западный университет)

Обзор обучения китайскому языку во Франции в 2019 году

2019 год – это год 55-летней годовщины установления дипломатических отношений между Китайской Народной Республикой и Французской Республикой, это чрезвычайно важный и необычный год для народов двух стран не только с точки зрения дипломатии, но и с точки зрения развития обучения китайскому языку во Франции. Как известно, в течение последних пятнадцати лет во Франции наблюдается «бум китайского языка», все больше и больше людей изучают китайский язык, эта замечательная тенденция развития сохраняется вплоть до 2019 года. Согласно последним статистическим данным Министерства образования Франции, число людей, изучающих китайский язык во Франции, превысило 100 000 человек[1]. В то же время Франция является страной с самым большим количеством людей, сдающих экзамен HSK в Европе.

В данном обзоре сначала будет рассмотрено преподавание китайского языка во Франции в 2019 году в соответствии с уровнями образования:

I. Преподавание китайского языка во Франции по уровням образования в 2019 году

1. Преподавание китайского языка в начальной школе

В 2019 году количество учащихся начальной школы, изучающих китайский

---

1 См. Жоэль Беллассен (Joël Bellassen), 2016. После того, господин Беллассен был назначен директором отдела обучения китайскому языку в Министерстве образования Франции, ежегодный отчет о преподавании китайского языка больше не публикуется.

язык во Франции, превысило 6000 человек. В настоящее время во Франции 70 начальных школ учредили курсы китайского языка[1]. Данные начальные школы делятся на три типа: местные начальные школы во Франции, французские школы за границей и международные начальные школы. В общем, французские школьники младших классов начинают изучать иностранные языки в подготовительных классах. Некоторым детям сопутствовала удача: они начали изучать китайский язык еще с детского сада, поэтому к младшей школе они уже могут общаться на китайском языке, например, в парижском китайско-французском детском саду или в детском доме Монтессори[2]. Раньше большинство учеников во Франции обычно предпочитали изучение английского языка, однако сейчас ситуация изменилась, все больше и больше учеников младших школ выбирают изучение китайского языка. Китайский становится их вторым иностранным языком. Еще в 2002 году Министерство образования Франции обнародовало программу обучения на китайском языке для начальных школ. Кроме того, в пятнадцати начальных школах Франции созданы международные классы[3]. Данные школы принимают как китайских, так и французских детей, позволяют им вместе ходить в школу, вместе играть, вместе общаться, помогать друг другу в изучении языка и вместе добиваться успехов. У учеников обязательно должно быть три урока китайского языка в неделю. В такой среде французские ученики младших классов могут быстро улучшить свои знания китайского языка, а китайские дети также могут быстро адаптироваться к французской системе образования.

2. Преподавание китайского языка в средней школе

Бесспорным фактом является то, что Франция играет ведущую роль в продвижении преподавания китайского языка в средних школах. Еще в 1958

1 См. статистические карты преподавания китайского языка на сайте Ассоциации французских преподавателей китайского языка (28.07.2020) https://www.afpc.asso.fr/Carte-du-Chinois.

2 См. ссылку выше, статистику по детским садам.

3 См. сайт Министерства образования Франции, education.gouv.fr, международные курсы китайского языка в средних школах: https://www.education.gouv.fr/les-sections-internationales-l-ecole-primaire-12443.

году, до установления дипломатических отношений между Францией и Китаем, по инициативе ряда китаеведов в средней школе одного из районов Парижа впервые открылся курс китайского языка[1]. С 2006 по 2016 год профессор Жоэль Беллассен в течение десяти лет занимал должность директора отдела обучения китайскому языку Министерства образования Франции. Он приложил большие усилия и внес большой вклад в продвижение и развитие преподавания китайского языка во Франции. Он придавал большое значение продвижению преподавания китайского языка в средних школах, усердно работал над созданием полноценной программы обучения китайскому языку для средних школ, подготовил группу квалифицированных преподавателей китайского языка. Его подход признан исключительным подходом к преподаванию китайского языка среди всех европейских стран. Под руководством Министерства образования Франции, а также с помощью совместных усилий местных учителей и китайских преподавателей китайского языка, отправленных во Францию по государственным программам, без преувеличения можно заявить, что в настоящее время в абсолютно любом месте Франции, от французской метрополии до острова Корсика, от французских владений за границей до китайско-французских Институтов Конфуция – в любом уголке французской карты можно найти место, где будет возможность изучать китайский язык.

В 2019 году мы радостно отмечаем, что еще 51 средняя школа во Франции пополнила ряды средних школ, предлагающих курсы китайского языка[2]. В этом году общее количество средних школ (включая средние и старшие классы), предлагающих курсы китайского языка во Франции, достигло 1079, что в пять раз больше, чем в 2005 году. В это число входят 40 средних школ во Франции и 28 международных школ за границей. Согласно последним статистическим данным, среди 334 средних школ (не включая старшие классы), предлагающих курсы

1 См. Жоэль Беллассен (Joël Bellassen), 2016, С. 4

2 См. сайт Ассоциации образовательной дружбы FCAE между Францией и Центральной Азией, https://fcae.fr/pdf/Lettre-N40-Mars-2020.pdf

китайского языка[1], в 304 из них китайский язык изучается как второй иностранный язык. Если оценивать историю преподавания китайского языка в средних школах Франции, можно сказать, что преподавание китайского языка в средних школах всегда обеспечивало хорошую преемственность от средней школы к старшей: 68% учащихся, которые начали изучать китайский язык в средней школе, могут продолжить изучение китайского языка в старших классах[2]. Согласно статистике директора Ж. Беллассена, почти половина учащихся средних школ, изучавших китайский язык на протяжении нескольких лет, выбирают китайский язык в качестве второго иностранного языка[3]. Что касается старших классов средних школ во Франци, то 60% французских средних школ также предлагают курсы китайского языка как третьего иностранного. Почти половина из этих 60% по-прежнему предлагают ученикам выбрать китайский язык в качестве второго или третьего иностранного языка. Благодаря популярности китайского языка, упору на преподавание китайского языка, а также признанию родителей и росту интереса у обучающихся, в последние годы появилось более тридцати средних школ (не включая старшие классы), в которых китайский язык получил статус первого иностранного языка. Кроме того, в четырнадцати средних школах статус преподавания китайского языка меняется: например, в одной и той же школе учащиеся по собственному желанию могут свободно выбирать китайский язык для изучения в качестве первого, второго или третьего иностранного языка. Тем не менее, в соответствии с постановлением Министерства образования, китайский язык всегда является первым иностранным языком в международных классах и специальных классах восточных языков. По данному постановлению в дополнение к трем-пяти часам занятий китайским языком в неделю, школа

---

1 См. ONISEP на сайте Национального центра информации об образовании и карьере, (28.07.2020), http://www.onisep.fr/Choisir-mes-etudes/College/Classes-du-college/Etudier-les-langues-au-college/La-carte-des-principales-langues-vivantes-etrangeres-enseignees-pres-de-chez-vous

2 См. сайт студенческого журнала l'Etudiant (28.07.2020), letudiant.fr. https://www.letudiant.fr/etudes/annuaire-des-lycees/langue-chinois/page-25.html

3 См. Жоэль Беллассен (Joël Bellassen), 2016, С. 1

должна организовать неязыковые занятия на китайском языке, которые будут вести преподаватели, присланные из Китая, такими курсами могут быть литература, математика, история, география и другие. Когда ученики закончат школьное обучение, в их аттестате будет специальная отметка «Международный класс» или «Класс восточного языка»[1]. Вместе с углублением научного и культурного обмена между Францией и Китаем, постоянным развитием дружбы между двумя народами все больше и больше людей узнают о Китае и китайском языке. С каждым годом знание китайского языка становится все большим преимуществом для студентов средних профессионально-технических учебных заведений в конкурсе на трудоустройство выпускников. В последние годы в старших классах средних школах при отелях, в школах прикладного искусства и других также были созданы классы китайского языка, так как таковы потребности рынка труда[2].

Чтобы удовлетворить потребности бурного развития преподавания китайского языка во Франции, особенно в последние годы, необходимо нанимать на работу все больше и больше преподавателей китайского языка. Реальность такова, что большинство местных китайских преподавателей не являются выпускниками педагогических университетов, не имеют определенной квалификации и срочно нуждаются в обучении навыкам преподавания китайского языка[3]. Китайским преподавателям, прибывшим из Китая, также необходимо адаптировать свои методы преподавания под местные условия, а также узнавать и осваивать местные концепции и методы обучения во Франции. Ввиду этой насущной потребности летом 2019 года Ассоциация преподавателей китайского языка во Франции и Северо-Западный университет города Сиань, Китай, впервые провела трехнедельный обучающий курс для французских преподавателей китайского языка. Курс был проведен с большим успехом и получил благоприятные отзывы

1 См. сайт Министерства образования Франции (28.07.2020),) https://www.education.gouv.fr/les-sections-internationales-au-lycee-2606

2 По данным опроса Французской ассоциации преподавания китайского языка.

3 Характеристики членов Французской ассоциации преподавателей китайского языка ясно отражают данную тенденцию.

от Министерства образования Франции и преподавателей, прошедших данную переподготовку. Для обеспечения качества преподавания китайского языка необходимы квалифицированные преподаватели высокого уровня, поэтому Министерство образования Франции настаивает на организации системы ежегодных квалификационных экзаменов для учителей. Например, в 2019 году количество потенциальных преподавателей китайского языка, записавшихся на экзамен, было чрезвычайно большим: реальное количество людей, проходивших экзамен, составило 161 человек, а в итоге до преподавательской работы было допущено только девятнадцать[1]. Есть также учителя китайского языка, которые уже работают в университетах и стремятся повысить квалификацию, получив квалификационный сертификат преподавателя. Количество таких кандидатов, зарегистрировавшихся на экзамен в этом году, достигло 51, а количество людей, которые успешно сдали экзамен, в итоге составило 39 человек[2]. Все эти данные показывают, что для обеспечения качества преподавания китайского языка Министерство образования Франции строго контролирует экзамены и прием китайских учителей, а также проводит большую работу по созданию группы квалифицированных преподавателей китайского языка.

Нынешняя эпоха вступила в период цифровизации больших данных, преподавание китайского языка во Франции также вступило в цифровую эпоху. Например, в недавних сообщениях СМИ говорится, что преподавательница китайского языка в средней школе в Туре (центральная Франция) вела занятие в классе и одновременно с этим по видеоконференции подключила к уроку учащихся из близлежащих небольших деревень, такой вид занятий проводится впервые в истории Франции[3].

---

1 См. сайт Министерства образования Франции (30.07.2020), https://www.devenirenseignant.gouv.fr/cid141810/donnees-statistiques-capes-2019.html

2 См. сайт Министерства образования Франции (30.07.2020), https://www.devenirenseignant.gouv.fr/cid143407/donnees-statistiques-agregation-2019.html

3 См. сайт французского национального радио (30.07.2020), https://www.franceinter.fr/emissions/le-zoom-de-la-redaction/le-zoom-de-la-redaction-26-fevrier-2019

3. Преподавание китайского языка в высших учебных заведениях

Согласно статистике опроса Французской ассоциации преподавателей китайского языка, 25 000 студентов высших учебных заведений изучают китайский язык, пятьдесят два университета предлагают курсы китайского языка, тридцать шесть университетов имеют факультеты китайского языка или предлагают профессиональные курсы китайского языка, а двадцать семь университетов предлагают непрофессиональные общедоступные курсы китайского языка. Профессиональные курсы делятся на два типа: прикладные иностранные языки и иностранные языки, литература и культура. В последние годы на факультете прикладных иностранных языков все больше и больше студентов записываются на курсы китайского языка. В целом, в настоящее время 18 000 студентов высших учебных заведений изучают китайский язык во французских университетах, более 7 000 студентов, которые после вступительных экзаменов в университет два года готовились к французскому экзамену на получение сертификата старшего техника (BTS) и к подготовительному курсу гуманитарных наук (CPGE)[1]. В целом, в 2019 году многие высшие учебные заведения также открыли новые курсы китайского языка, например, в Орлеанском университете недавно был открыт факультет прикладного китайского языка.

Характерной чертой преподавания китайского языка во французских университетах является отсутствие единого учебного плана. Согласно конституции Франции, каждый преподаватель университета обладает правом свободы преподавания. В настоящее время при преподавании китайского языка во французских университетах общая проблема, с которой сталкиваются преподаватели, заключается в отсутствии научной преемственности между обучением китайскому языку в школе и обучением на факультетах китайского языка в университете. Столкнувшись с постоянным увеличением числа студентов, изучающих китайский язык в средней школе, китайским

1 По статистике Министерства образования.

факультетам университетов неизбежно придется адаптироваться к этим изменениям и провести реформу обучения, чтобы преподавание китайского языка в университете могло адаптироваться к новым условиям.

8 июня 2019 года Французская ассоциация преподавателей китайского языка также провела экзамен на знание китайского языка HSK в Париже и вторую масштабную выставку китайских университетов в Институте восточных языков и культур. Десять известных китайских университетов (Университет Цинхуа, Пекинский университет, Пекинский педагогический университет, Пекинский научно-технический университет, Шанхайский транспортный университет, Северо-восточный педагогический университет, Северо-восточный университет, Чжуннаньский университет экономики и права, Педагогический университет Центрального Китая (Хуачжун), Сидяньский университет (Северо-Западный Институт телекоммуникационных технологий), Шэньчжэньский университет, Университет Тунцзи и Международная молодежная инновационная программа стажировок HSK) установили на выставке свои собственные оригинальные стенды, рассказывая гражданам Франции, а особенно студентам парижских ВУЗов о китайских университетах, знакомя с достижениями китайских университетов в области развития образования. С утра до вечера выставка была полна зрителей и получила положительные отзывы французской публики.

В дополнение к описанному выше, преподавание китайского языка во Франции также достигло определенного развития в других областях.

II. Важные события в дальнейшем развитии преподавания китайского языка в 2019 году

1. Три семинара, посвященные исследованиям в области преподавания китайского языка

Что касается исследований в области преподавания китайского языка,

Ассоциация преподавателей китайского языка во Франции самостоятельно провела а также помогла в организации ряда семинаров по обучению китайскому языку. Например, на последнем ежегодном собрании ассоциации в 2019 году был организован семинар на тему «Китайская литература и преподавание китайского языка». Профессор Университета Артуа Жоэль Беллассен и директор Института Конфуция Цзинь Сыянь выступили с программными речами, семинар проходил под председательством Инь Вэньина, руководителя Министерства образования школьного округа Бордо. Кроме того, ассоциация также специально пригласила к участию в семинаре двух китайских писателей Шэнь Фуюя и Шу Цая для выступления с программными речами. Помимо китайских писателей, ассоциация также пригласила на семинар известных своими научно-исследовательскими работами французских китаеведов и переводчиков (профессора Ноэля Дютрэ, почетного профессора Университета Экс-Марселя, и Бриджит Гильбо, начальника отдела преподавания китайского языка в парижском регионе Министерства образования), на семинаре они поделились с членами ассоциации результатами своих исследований и опытом преподавания китайского языка. На семинаре многие китайские преподаватели подняли множество вопросов, требующих дальнейшего совместного рассмотрения, обсуждения проходили в серьезной академической атмосфере.

12-13 апреля 2019 года Европейская ассоциация преподавателей китайского языка провела 2-ой Международный семинар по китайскому языку в Дублине, в котором приняли участие более двухсот специалистов и преподавателей китайского языка из более чем двадцати стран Европы[1]. Данный семинар на тему «Региональные и международные дисциплинарные исследования преподавания китайского языка как иностранного» прошел с большим успехом. С 27 по 29 июня 2019 г. профессор Цзинь Сыянь из Университета Артуа и Института Конфуция

---

1 См. European Times, международный семинар в Дублине, 1 мая 2019 г., (30. 07. 2020) http://www.oushinet.com/wap/qj/qjnews/20190501/320144.html; сайт Европейской ассоциации преподавателей китайского языка (30. 07. 2020) http://www.ouhanhui.eu/?p=874&lang=zh

организовал международный семинар на тему «Унитарность или двойственность: природа китайского языка и ключевые особенности в преподавании» и 12-й курс подготовки преподавателей китайского языка и местных учителей европейских Институтов Конфуция. Помимо профессора Ж. Беллассена и профессора Цзинь Сыяна с докладами выступили профессор Чжан Синьшэн из Университет Ричмонда, профессор Чжан Хун из Римского университета Италии, профессор Грейс Пойза из Института Конфуция Женевского университета Швейцарии, и Инь Вэньин, начальник Министерства образования в школьном округе Бордо. Китайские преподаватели, принявшие участие в семинаре, были глубоко вдохновлены и получили большую пользу, что, несомненно, сыграет эффективную роль в улучшении их способностей и уровня преподавания китайского языка в будущем.

2. Развитие Институтов Конфуция во Франции

В 2019 году во Франции были учреждены три новых Института Конфуция. Французскими партнерами Институтов Конфуция стали город По на юго-западе Франции, Высшая школа бизнеса в Париже и Орлеанский университет. На данный момент в рамках сотрудничества между французскими и китайскими университетами было создано семнадцать Институтов Конфуция[1]. Институты Конфуция делятся на два типа: первый тип относится к университетской структуре, а второй юридически является общественной организацией. Представители всех слоев общества во Франции с момента создания Института Конфуция относятся к нему очень позитивно: среди студентов Института Конфуция есть ученики младших и средних школ, студенты, учителя, государственные служащие, предприниматели, бизнесмены, врачи, моряки и пенсионеры. Институт Конфуция действительно является окном в мир многообразной китайской культуры. В дополнение к основному виду деятельности в виде обучения китайскому языку, Институт Конфуция также регулярно организует различные китайские

1 См. сайт Института Конфуция во Франции http://www.confucius-clermont-auvergne.org

культурные мероприятия, такие как неделя китайского кино, различные выставки традиционной китайской культуры, академические лекции, концерты, семинары, экзамены на знание китайского языка и уроки каллиграфии, обучающие курсы по кулинарии, обучающие курсы по тайцзицюаню и т. д. Сейчас в этих мероприятиях принимает участие все больше и больше жителей Франции. Конечно, во Франции есть профильные Институты Конфуция: в некоторых из них наблюдается сильный культурный уклон, есть Институты Конфуция с уклоном в экономическую сферу, есть бизнес-школы. В соответствии с целью создания Института Конфуция, данное учреждение является некоммерческой организацией, которая способствует обучению китайскому языку, является площадкой для проведения экзаменов на знание китайского языка, также выступает в качестве консультационного центра для знакомства с китайскими университетами и подачи заявок на получение китайских стипендий, предоставляет консультации по обучению за границей и помогает студентам, желающим учиться в Китае, получить интересующие их стипендии и гранты. Создание Института Конфуция еще раз полностью доказало важную роль, которую сотрудничество Франции и Китая сыграло в культурном обмене между двумя странами.

С точки зрения культурного обмена между Китаем и Францией 2019 год можно охарактеризовать как год процветания и развития. Институт Конфуция во Франции выступил соорганизатором 2-го конкурса переводчиков китайской литературы, на котором от студентов-участников требовалось перевести отрывки из романов пяти китайских писателей (Мо Янь, Чэнь Лицзяо, Цинь Дэлун, Дора (китайское имя Линь Юэсы) и Лин Диннянь)[1]. Осенью того же года во Францию был приглашен известный китайский карикатурист Ли Куньу, который провел свою тематическую выставку в Институтах Конфуция в Ренне и Клермон-Ферране, а также прочел ряд лекций,

1 См. сайт Института Конфуция во Франции: восемь победителей получили награды (30. 07. 2020) https://www.institutconfucius.fr/fr/culture/concours-de-traduction

которые были тепло встречены французскими слушателями[1]. В первую неделю октября 2019 года Институт Конфуция в Ла-Рошели торжественно провел «Неделю китайского кино». Китайский писатель и режиссер Дай Сыцзе был лично приглашен на церемонию открытия недели кино, чтобы представить аудитории фильм «Бальзак и маленький китайский портной». Фильм привлек множество зрителей в районе Ла-Рошели: в течение недели в кинотеатре был ежедневный аншлаг, особенной популярностью фильм пользовался у студентов, изучающих китайский язык.

В конце 2019 года в городе Чанша, провинции Хунань в Китае, состоялась Международная конференция по обучению китайскому языку. На мероприятии присутствовали китайские и французские директора Институтов Конфуция во Франции, а также многие известные в мире специалисты по китайскому языку, которые стали свидетелями создания Китайского международного образовательного фонда. Реформа системы Ханьбань стала важной вехой в деле международного обучения китайскому языку.

3. Праздник китайской письменности

В октябре 2019 года был дал официальный старт второму Празднику китайской письменности в Париже. В течение пяти дней Министерство образования Франции и Ассоциация преподавателей китайского языка провели ряд мероприятий, связанных с культурой китайских иероглифов: выставки, лекции, мероприятия по общению и обмену опытом и другие[2].

В данном обзоре была совершена попытка показать, что развитие обучения китайскому языку во Франции в 2019 году пережило новый этап развития. Однако нам известно, что глобализация ставит качество преподавания и объем изучаемой информации перед новыми вызовами, такими, как цифровизация преподавания, поэтому нам еще предстоит проделать большую работу по

---

1 Институт Конфуция в Ренне: Ли Куньу, встреча и выставка (30. 07. 2020) https://www.confucius-bretagne.org/project/li-kunwu-23-11-2019/, Институт Конфуция в Клермон-Ферране (30. 07. 2020) https://www.rendezvous-carnetdevoyage.com/2019/10/institut-confucius/

2 См. Вестник Французской ассоциации преподавателей китайского языка №144, октябрь 2019 года.

исследованиям китаеведения и преподавания китайского языка. Французско-китайское педагогическое сообщество должно укреплять сотрудничество между учителями французского языка, для которых китайский язык не является родным, и учителями китайского языка из Китая, а также усиливать академические обмены. Необходимо продолжать расширять проекты сотрудничества с китайскими университетами, добившимися успехов в области преподавания китайского языка (такими как Пекинский педагогический университет, Пекинский университет языка и культуры и другие). Необходимо также активно организовывать краткосрочные курсы подготовки преподавателей китайского языка и проводить регулярные международные семинары по преподаванию китайского языка. Несмотря на то, что преподавание китайского языка во Франции достигло замечательных результатов, однако в новую эпоху, несомненно, может возникнуть много новых проблем. Мы уверены, что благодаря многостороннему сотрудничеству с китайскими университетами мы обязательно добьемся больших успехов в деле преподавания китайского языка во Франции.

(Автор: доцент Университета Ла-Рошель, директор Института Конфуция с французской стороны, вице-президент Ассоциации преподавателей китайского языка, Хай Бо, Франция)

Библиография: /

Жоэль Белласен (Генеральный инспектор по китайскому языку в Министерства образования Франции) *«Китайский язык – язык нового времени»* - Преподавание китайского языка на 2015-2016 год (BELLASSEN Joël (Inspecteur général de chinois, Ministère de l'Education nationale), Le chinois, langue émergente – Etat de l'enseignement du chinois en 2015-2016).

IV Специальные доклады

Когнитивная лингвистика и исследование освоения вторых языков

Познание — это процесс и деятельность мозга и нервной системы, направленные на создание разума, а язык — это ядро познания. Когнитивная наука была основана в США в 1970-х годах, шестью опорными дисциплинами, признанными в настоящее время на международном уровне, являются философия, лингвистика, психология, антропология, информатика и нейробиология (Цай Шушань, 2020). Когнитивная лингвистика является важной частью исследований в области когнитивных наук, включающих многие смежные дисциплины, такие как лингвистика, когнитивная психология, информатика и когнитивная нейробиология.

Овладение вторым языком – это независимая область исследований, ядром которой является изучение процесса овладения языком и механизма усвоения языка учащимися. Под влиянием междисциплинарного характера когнитивной лингвистики овладение вторым языком в основном включает три различные когнитивные точки зрения: овладение языком с точки зрения обработки информации, с точки зрения коннекционизма и с точки зрения когнитивной нейробиологии. Таким образом, необходимо исследовать и изучить механизмы приобретения, познания и функционирования нейронных связей мозга говорящих на иностранном языке, а также билингвов и полиглотов.

1. Овладение вторым языком с точки зрения обработки информации

Согласно теории обработки информации, языковые способности учащихся включают в себя декларативные знания и процедурные знания. Приобретение навыков представляет собой автоматизированный процесс преобразования декларативных знаний в процедурные. Другими словами, учащиеся осознают переход от сознательного контроля к бессознательной автоматической обработке информации в процессе обучения языку. В последние годы внедрение теории обработки информации привело к «когнитивному повороту» парадигм исследований в области изучения китайского языка как иностранного. Этот поворот изменил исследовательскую парадигму приобретения навыков речевого акта в рамках бихевиористской теории обучения. Исследования овладения китайским языком больше не связаны с изменениями во внешнем речевом поведении изучающих китайский язык, а связаны с внутренним механизмом когнитивной деятельности учащихся (Ван Цзяньцинь, 2020).

Вэй Яньцзюнь (2017) рассмотрел наличие и объем потребления ресурсов внимания с точки зрения когнитивной обработки информации, изучил механизм обработки фрагментов китайского языка с точки зрения умения пользоваться устной речью на иностранном языке. Результаты показывают, что у изучающих китайский язык процесс синтаксического вычисления фраз осуществляется методом контролируемой обработки, который не полностью совпадает с системой обработки информации носителями китайского языка, но совпадает фрагментарно, итоговый процесс объединения требует ресурсов внимания и использования декларативных знаний. При обучении через повторение изучающие китайский язык потребляют все меньше и меньше ресурсов внимания в процессе синтаксических вычислений и постепенно переходят к использованию процедурных знаний для выполнения операций комбинирования слов внутри фраз. Ху Вэйцзе и Ван Цзяньцинь (2017) сосредоточились на изучении прогностических индикаторов в устной коммуникации на иностранном языке. В исследовании были выбраны два показателя когнитивной беглости — время реакции на обработку предложений и потребность в переключении внимания, а также два показателя выразительной беглости — скорость речи и средняя продолжительность речевого потока. С помощью аналитического метода линейного анализа было проведено исследование прогностического воздействия двух типов показателей на способность к устному общению. Результаты показали, что когнитивная беглость может эффективно улучшить прогностическую способность устной речи на иностранном языке и имеет более высокий прогностический вклад, чем выразительная беглость.

2. Овладение вторым языком с точки зрения коннекционизма

Распределенное представление знаний и параллельная обработка информации — это основные идеи теории коннекционизма. Исследование овладения языком в рамках этой теоретической основы в основном имитирует распределенный процесс когнитивной обработки информации человеческим мозгом с помощью искусственных нейронных сетей, исследует механизм представления языковых знаний и параллельной обработки информации изучающих второй язык или билингвов. Исследования в этой области имеют определенную справочную и стимулирующую роль для исследований в области машинного обучения и искусственного интеллекта.

В рамках этой новой когнитивной теории в Китае и за рубежом было проведено множество исследований когнитивного моделирования. В области исследования овладения вторым языком Ван Цзяньцинь (2005) объединил стандартную модель самоорганизации и модель распада, чтобы смоделировать развитие понимания иностранными студентами формообразования китайских иероглифов, и на этой основе исследовал механизм овладения китайскими иероглифами теми, кто изучает китайский язык в качестве второго языка. Что касается расширения словарного запаса у детей, Ли Пиндэн (2007) впервые провел модельное исследование феномена «взрыва» словарного запаса у детей. В исследовании использовалась самоорганизующаяся искусственная нейронная сеть «обучение без учителя» для имитации процесса приобретения детьми словарного запаса, затем использовалась эта же сеть для имитации приобретения детьми словарного запаса на двух языках. Еще одним направлением исследований когнитивного моделирования с использованием искусственной нейронной сети является имитационное исследование овладения китайской речью иностранными студентами. Исследования в этой области в основном сосредоточены на имитационном исследовании сложности и механизмов усвоения китайского произношения иностранными студентами, в особенности усвоения китайских тонов. Например, Чэнь Мо (2011) использовал «модель растущего дерева» для моделирования усвоения тонов иностранными студентами, а Лу Цзи (2011) использовал улучшенную самоорганизующуюся модель для моделирования процесса усвоения и механизма компенсации тонов иностранными студентами. Эти исследования могут восполнить недостаток поведенческих экспериментальных исследований, кроме того, они обладают определенными преимуществами для изучения онлайн-обработки информации обучающимися и сложного процесса усвоения.

3. Овладение вторым языком с точки зрения когнитивной нейробиологии

Исследования работы мозга — одна из самых передовых дисциплин в XXI веке, сейчас Китай готовится к запуску проекта «Мозг Китая». Данный проект предлагает стратегию «Одно тело, два крыла», «одно тело» подразумевает понимание нейронной основы человеческого познания, что является общей целью нейронауки и лежит в ее основе; «два крыла» подразумевают диагностику и хирургическое вмешательство при заболеваниях головного мозга – технические разработки интеллектуальных технологий, обеспечивающих связь «крыльев» с «телом». (По, 2016). Язык является самым фундаментальным признаком, отличающим людей от животных, а языковая способность является высшей функцией человеческого мозга, что делает лингвистические исследования через призму когнитивной нейробиологии важной темой на передовой темой исследований в области науки о мозге. (Чэнь Линь, 2017). Исследования усвоения языка следует сочетать с когнитивной нейробиологией чтобы изучить процессы овладения вторым языком, явления двуязычия и многоязычия с точки зрения когнитивной нейробиологии. Когнитивная нейробиология — это следующий рубеж в исследованиях усвоения языка.

В 2005 году журнал «Наука» (Science) предложил 125 глобальных нерешенных научных проблем, одной из которых является критический период овладения языком. Технические средства нейронауки могут раскрыть когнитивный нейронный механизм, лежащий в основе критического периода овладения языком, и совершить прорыв в исследовании проблемы «узкого места» в изучении языка, тем самым решить основные теоретические проблемы на передовой линии международных исследований. Во-вторых, проявление и запоминание человеческим мозгом форм, звучаний и значений слов, всегда было в центре внимания исследователей данной области. Синтаксическое усвоение включает в себя анализ и построение компонентов и иерархической структуры предложения, а также то, как человеческий мозг анализирует и интегрирует семантическую, синтаксическую и прагматическую информацию слов в предложениях. Изучение этого вопроса раскроет сущность овладения человеческим языком и может помочь людям узнать больше об усвоении языка, а также поспособствует развитию компьютерной обработки естественного языка. Кроме того, изучение обработки информации мозгом изучаемого языка и процесса переключения языков может углубить понимание нейронных связей между обработкой лингвистической информации и исполнительным контролем. Ученые предложили гипотезу адаптации и ассимиляции, чтобы объяснить взаимодействие между механизмами обработки второго языка и родным языком. Сочетание овладения вторым языком и когнитивной нейробиологии открыло новую область исследований в области изучения языка и расширило новый горизонт исследований в области изучения языка.

За последние десять лет изучение китайского языка с точки зрения исследований в области овладения вторым языком совершило поворот от структурной лингвистики к когнитивным исследованиям. Это означает, что изучение усвоения китайского языка как второго языка больше не ограничивается описанием структуры языка учащихся и анализом ошибок, а исследование освоения китайского языка, основанное на области языкового познания, постепенно станет основной тенденцией развития. Хотя текущее исследование усвоения китайского языка все еще находится в рамках теории обработки информации, появление новых когнитивных теорий также привнесет новые теоретические перспективы и новые области исследований в исследования овладения китайским языком как вторым, такие как коннекционизм и теория эмерджентности, а также когнитивная нейробиология и другие области (Ван Цзяньцинь, 2020).

Для достижения данной цели необходимо ускорить внедрение новых теорий, а особенно междисциплинарных теорий, в исследование изучения китайского языка с точки зрения языкового познания, необходимо еще больше расширить теоретический горизонт исследования, постепенно изменить исследовательскую традицию, которая делает упор на структуру, а не на познание, постоянно расширять сферу изучения китайского языка. Во-вторых, изучение усвоения китайского языка с точки зрения языкового познания должно усилить заимствования и изучение методов исследования, ведь для того, чтобы хорошо выполнить работу, необходимо иметь хороший инструмент. Совершенствование методов исследования значительно повысит качество исследований в области освоения китайского языка как второго, так что исследования в данной области постепенно достигнут высокого уровня мировых исследований в области изучения освоения вторых языков. Кроме того, когнитивные исследования в области усвоения китайского языка как иностранного должны быть сосредоточены на междисциплинарных и междисциплинарных исследованиях, таких как исследования в области когнитивной нейробиологии, нейролингвистики и других областях. Междисциплинарные исследования будут не только способствовать развитию теоретической стороны вопроса, но и усиливать модернизацию исследовательских методов и методов исследования. Развитие когнитивной нейробиологии и других областей исследований также приведет к новым скачкам и прогрессу в изучении усвоения китайского языка с точки зрения языкового познания (Ван Цзяньцинь, 2020).

(Автор: Ван Цзяньцинь, Пекинский университет языка и культуры)

Используемая литература: /

[1] Цай Шушань (2020). О статусе и роли языка в человеческом познании, Журнал Пекинского университета: философия и социальные науки, №1, С. 138–149.

[2] Чэнь Линь (2017). Три краеугольных камня когнитивной науки, Китайский научный фонд, №3, С. 209–210.

[3] Чэнь Мо (2011). Моделирование когнитивного развития тонов китайского языка как второго языка, Журнал Университета Цинхуа: выпуск естественных наук, №9, С. 1201–1204.

[4] Ху Вэйцзе, Ван Цзяньцинь (2017). Прогностическое влияние устной когнитивной беглости на иностранном языке на способности устной речи, «Изучение китайского языка в мире» № 1, С. 105–115.

[5] Лу Цзи (2011). Имитационное исследование процесса усвоения китайских тонов обучающимися из Таиланда, докторская диссертация в Пекинском университете языка и культуры.

[6] Ван Цзяньцинь (2020). Исследование усвоения второго языка с когнитивной точки зрения, Пекин: Коммерческая пресса.

[7] Ван Цзяньцинь (2005). Имитационное исследование развития осознания формирования китайских иероглифов у иностранных студентов: модель усвоения китайских иероглифов, основанная на самоорганизующейся сети сопоставления признаков, «Применение устного языка и письменной речи», №4.

[8] Вэй Яньцзюнь (2017). Обработка многословных фраз изучающими китайский язык, докторская диссертация Пекинского университета языка и культуры.

[9] Li, P., Zhao, X., & MacWhinney, B. (2007). Dynamic self-organization and early lexical development in children. *Cognitive Science, 31*, 581-612.

[10] Poo, M. M. , Du, J. L. , Ip, N. , Xiong, Z. Q. , Xu, B. , & Tan, T. . (2016). China brain project: Basic neuroscience, brain diseases, and brain-inspired computing. *Neuron, 92*(3), 591-596.